イ　エ　ス

●人と思想

八木 誠一 著

7

CenturyBooks　清水書院

イエスについて

イエスと私

はじめてイエスのことを聞いたのはいつのことだったのか、父が内村鑑三の弟子で、家庭集会をしていたから、イエスのことはごく小さいときから聞かされていたに違いないのだけれど、子どもの頃のことはあまり印象にない。

小学校低学年の頃だったと思う。友だちと歩いていると妙に細い裏通りばかり選んで行く。わけを聞いてみたら、日曜学校で先生が言うには、「イエス様は『狭い門からはいれ、その道は細い』とおっしゃった」という。家へ帰って父に話したらひどく笑われてしまった。

大学生のときクリスチャンになり、やっとすすんで聖書を読むようになったのである。その頃イエスの言葉は、私の罪深さを照らしだす高い倫理としてしか理解できなかった。

つまり、イエスの十字架上の死は、われわれの罪のためのあがないなのである。だから私と直接にかかわってくるのは、イエスの死と復活であって、イエスの言行ではない。イエスの言葉は、われわれを十字架のあがないの信仰へと導くものなのである。こういうふうに考えていた。

しかし新約学を専攻するようになってから、いろいろ考えてみると、どうもそうではないのである。イエスの言葉は直接そのままでわかる。「敵を愛しなさい」とか、「私のもとにきて、父母・妻子・兄弟姉妹また自分の生命まで憎むのでなければ、私の弟子となることはできない」というようなずいぶん滅茶苦茶な言葉がある。実際、私もこうした言葉に散々苦しめられた覚えがある。

しかしよく考えてみると、このような言葉は人間の現実、奥深く隠れてはいるがしかし否定しようのない現実をありのままに言い表わそうとしているのである。その現実に目をとめればイエスの言葉は暴言ではない。

イエスの言葉が出て来る根源に目を注がないで、その文字面だけを見ると暴言になるのである。こういうふうに、ただイエスが命令したというだけの外面的な理由で、「右の頰を打たれて左の頰を向ける」ようなことをしたら、裏道ばかり歩いた坊やたちとあまり変わらない。

根源を把握するのは容易ではない。しかしこうしなければイエスはわからない。そしてこうすればイエスの言葉は直接私自身の現実にかかわって来る。イエスの言葉はそのままでわかる。単純素朴に、あらゆる人にかかわる現実を語り示している。

だから本書もこういう立場で書いた。つまり、イエスの言葉を手がかりにして人生の現実に触れ、次にこの奥深い現実からしてイエスの言葉を理解することに心がけた。結局ひとりひとりがこの現実に自分で触れてみなければイエスの言葉はしばしば聞くにたえない暴言にすぎないのである。

それにしてもイエスを論ずるのはむずかしい。たとえばカントの場合、カントの人と思想を論ずるということになれば、当然哲学の中心問題に触れて来るだろう。しかしカントという人間をどう把握するかということ自体が、そのまま哲学の中心問題だということにはならない。

ところがイエスの場合は、イエスという人をどう理解するかということとそのことがキリスト教神学の中心問題に属するのだ。だからイエスについて書くとなれば、単にイエスの人と思想をわかりやすく紹介するということだけではなく（これだって大変なことだが）、どうしてもキリスト教の根本問題に対して何かのかたちで態度決定を要求されることになる。だから読者もそのつもりで、多少の難解さは忍耐していただきたい。本書の性質上、「キリスト教の本質」論に焦点を合わせることはできなかったけれども、イエスの言葉はそのままでわかるというのがすでにキリスト教に対するひとつの態度決定なのである。イエス論の場合はこんなこともあるのだということを頭において、イエスが語った現実を、私たち自身に直接かかわりのある問題として考えていただきたい。

新約聖書

キリスト教ははじめてだという方のために、簡単に新約聖書について説明をしておく。これには二七の文書が含まれているが、大体紀元五〇年頃から二世紀はじめにかけて、原始キリスト教団のひとびとが書いたものである。著作の場所は、ローマ、ギリシア、小アジア、シリアなどに及んでいる。ほかにも多くの文書が書かれたが、二〜四世紀の教会が長い紆余曲折（うよきょくせつ）をへて編集し教会の正典と決定したものが新約聖書である。

新約聖書のはじめにマタイ、マルコ、ルカ、ヨハネが書いたとされている四つの福音書がある（しかしマタイとヨハネは著者ではあるまい）。これはイエスの生誕・言行・受難・復活を記しているが、詳細は本書第Ⅱ章を見られたい。四つの福音書のうち、マタイ、マルコ、ルカによるものはイエスの見方が似ているというので共観福音書とよばれている。

次にイエスの死後エルサレムに教会が成立し、福音がローマに及ぶ次第を書いた「使徒行伝」がある。著者はルカである。

そのあとに教会を迫害しているうちに回心してクリスチャンとなり、世界伝道をしたパウロの書簡がある。しかし真正のパウロ書簡は、ローマ人への手紙、コリント人への手紙Ⅰ・Ⅱ、ガラテヤ人への手紙など数通である。内容は、当時の教会のさまざまな問題に直面して、パウロがキリスト教の真髄を、理論・実践の両面にわたって述べたものである。

それから著者不明の「ヘブル人への手紙」、ヤコブ（イエスの弟）、ペテロ（イエスの弟子）、ヨハネ、ユダ（ヤコブの弟）が書いたとされている、全教会あての書簡、最後に世の終わりとキリスト来臨の預言である「ヨハネ黙示録」がある。

歴史のイエスに直接言及しているのは福音書だけだと言えるくらいである。そして福音書の記事を相互に比較してみると、共通点と相違があって、そのままに信頼できない部分も多く、こうして学問的なイエス研究が必要とされるわけである。福音書は原始教団のキリスト信仰の立場から書かれているし、また福音書のおのおのに強い個性があるので、これを史料として用いる際には十分慎重でなくてはならない。
イエスは自分では何も書き残さなかった（これは釈迦、孔子、ソクラテスも同様である）。福音書にはイエスの容貌や性格や趣味や教育や経歴は何も書いてないし、また家系や誕生や幼時やさらにはイエスの公生涯の具体的経過についてさえ、確かなことはほとんど何もわからない。ただ、イエスが語り、福音書が伝え、そして新約聖書全体がさし示している事柄、それは「真に必要なものはただひとつだけだ」という事柄なのだが、それが問題の中心なのであって、わたしたちひとりひとりにかかわっているのである。ここをはずしたら、イエス伝を書いたり読んだりするのは、閑人の遊びと大差ないであろう。

なお、本書で用いた写真は、現地で撮影をしてこられた小田切信男氏、吉田泰氏および重田忠保氏のご厚意によるものである。もちろん、写真は現在のイスラエルであって、イエス当時を示すものではないが、多少なりとも理解の助けになればと思って用いることにした。本書で用いた聖書の訳文は、現行の協会訳と塚本虎二氏の個人訳を参考にした私訳である。出版については清水書院の方々にたいへんお世話になった。心から感謝の意を表したい。

一九六七年十一月二日

調布にて

八木誠一

目次

イエスについて……三

I　イエスの時代を中心とするユダヤ民族の歴史

イエス当時のパレスチナ……一六
ユダヤ民族の歴史……一九
ローマのパレスチナ支配……四〇
ユダヤ戦争とその後・むすび……四五

II　研究史・研究の方法

研究の歴史……五〇
伝承の性質……六三
「イエス」叙述の方法―どこにピントを合わせるか―……六七
奇蹟と奇蹟物語……七三

Ⅲ　イエスの生涯と思想
A　イエスの生い立ち……八四
B　イエスの思想……九〇
愛……九〇
人　生……一一三
律　法……一三〇
神の支配……一五六
Ⅳ　イエスの死・復活と原始キリスト教の成立
史的イエスから宣教のキリストへ……一八六
参考文献……二〇二
さくいん……二〇三

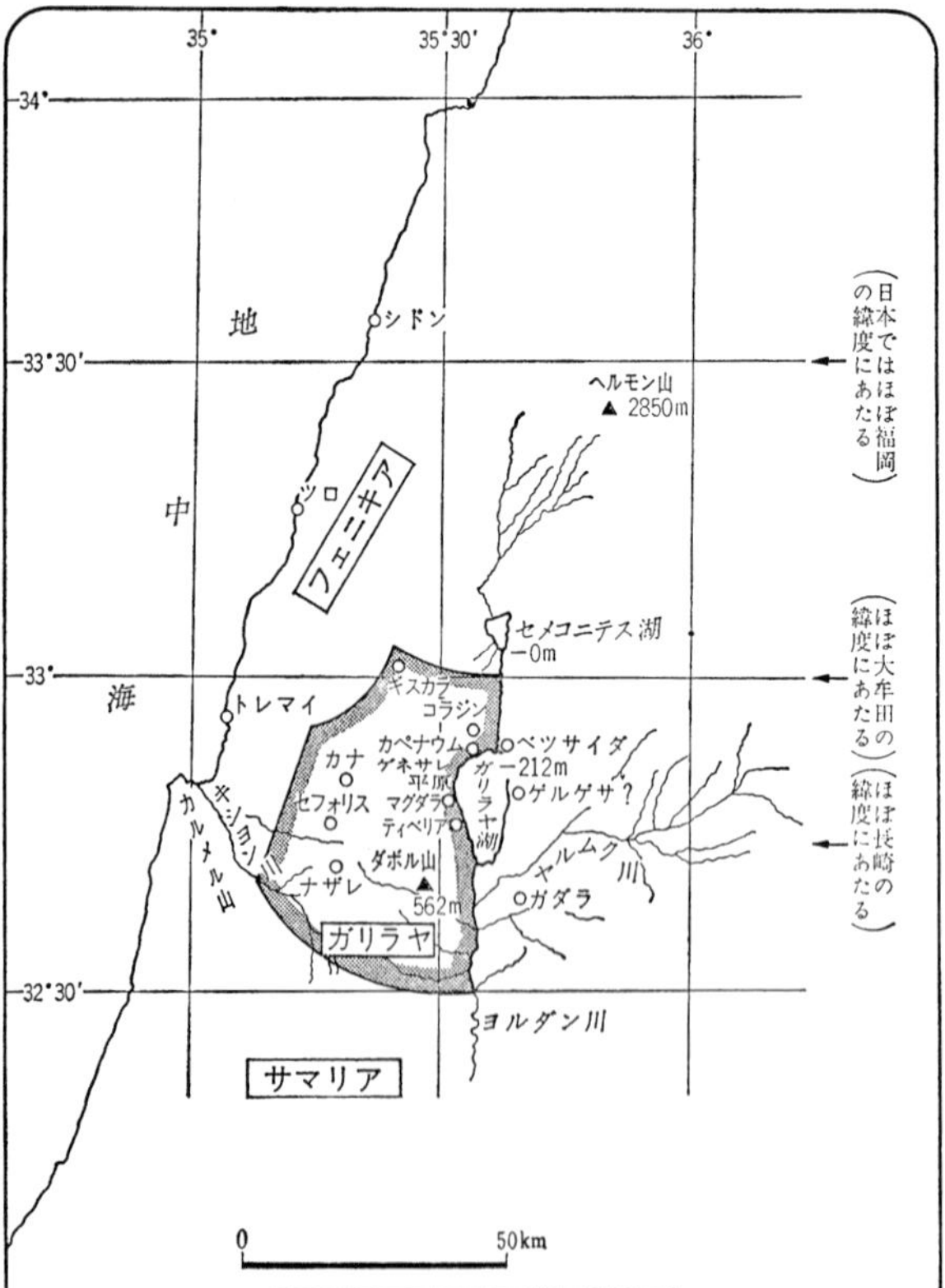
35°
35°30′
36°
34°
33°30′
33°
32°30′
地
中
海
シドン
ツロ
フェニキア
トレマイ
カルメル山
キション川
ヘルモン山
2850m
セメコニテス湖
−0m
キスカラ
コラジン
カペナウム
ゲネサレ
平原
ベツサイダ
ガリラヤ湖
−212m
ゲルゲサ？
カナ
セフォリス
マグダラ
ティベリア
ダボル山
562m
ナザレ
ヤルムク川
ガダラ
ガリラヤ
ヨルダン川
サマリア
（日本ではほぼ福岡の緯度にあたる）
（ほぼ大牟田の緯度にあたる）
（ほぼ長崎の緯度にあたる）
0
50km

イエス時代のガリラヤ

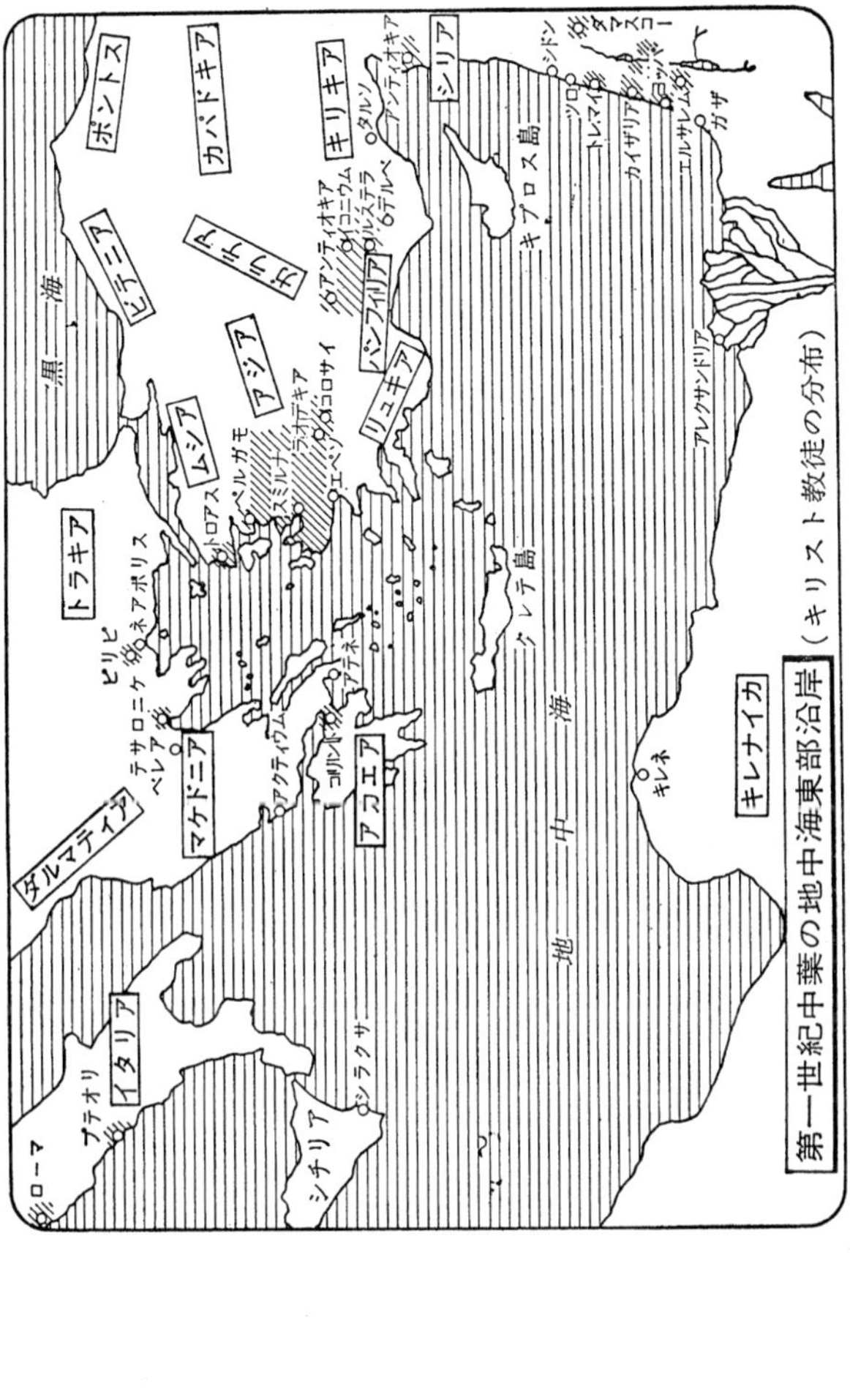

第一世紀中葉の地中海東部沿岸（キリスト教徒の分布）

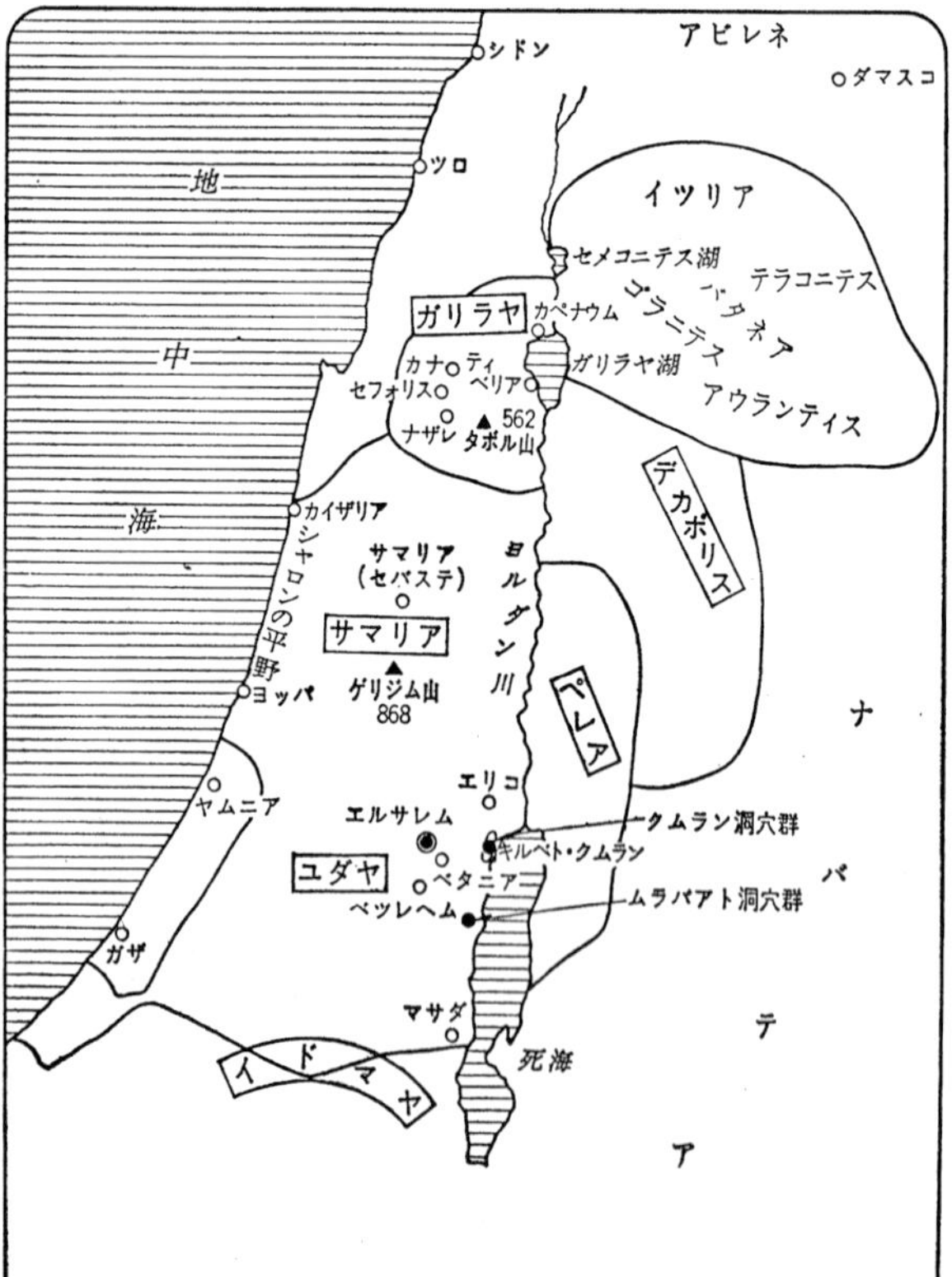

イエス時代のパレスチナ

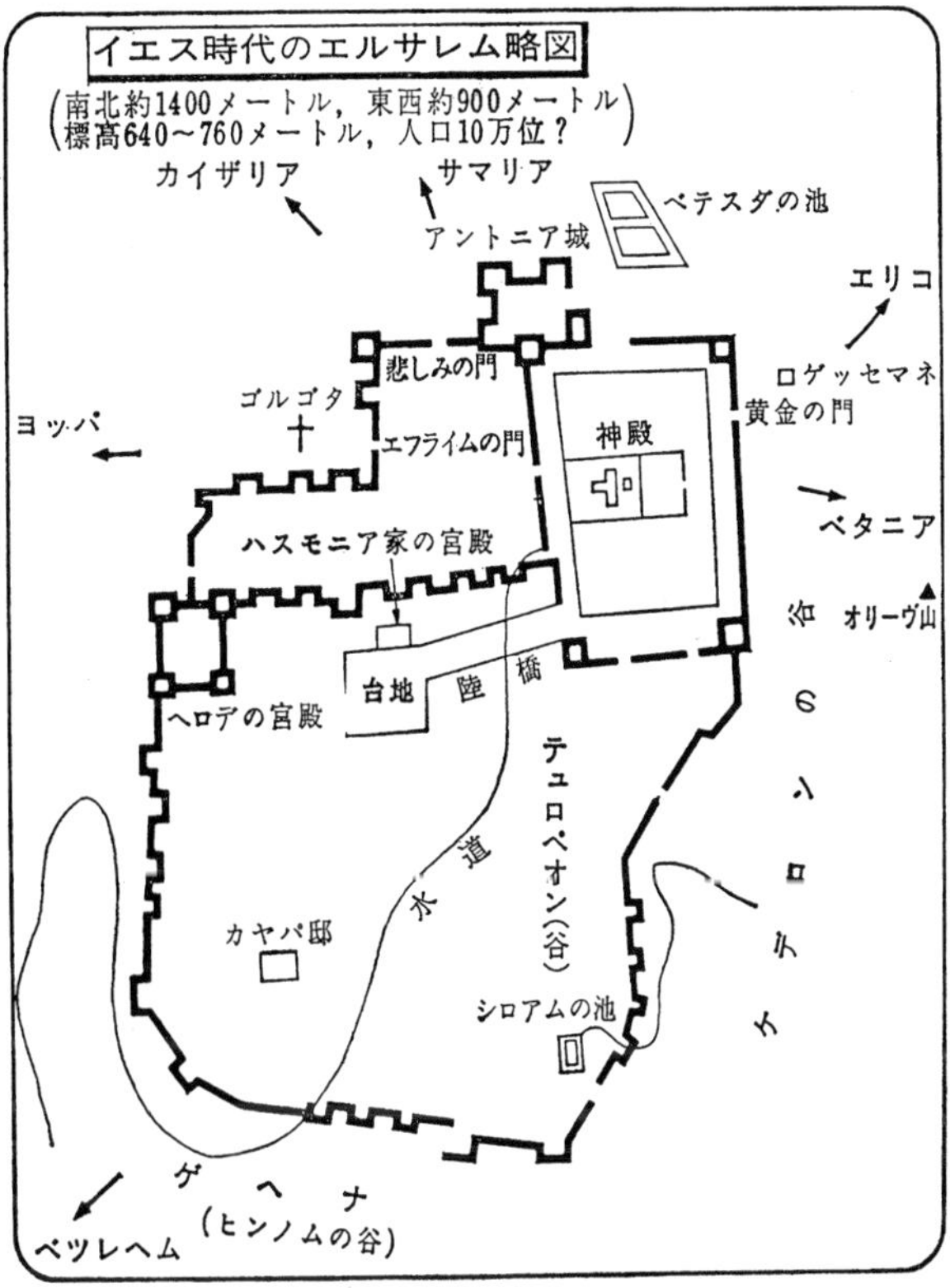

イエス時代のエルサレム略図
(南北約1400メートル，東西約900メートル
標高640～760メートル，人口10万位？)

I イエスの時代を中心とするユダヤ民族の歴史

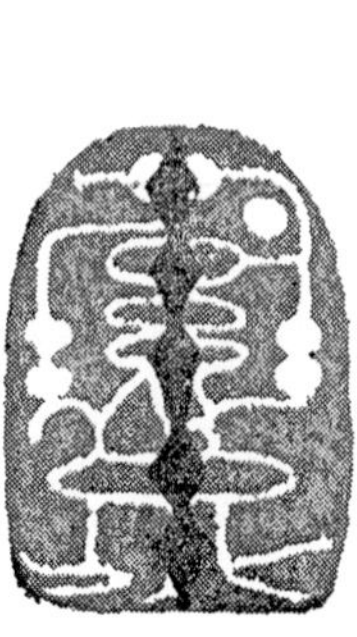

イエス当時のパレスチナ

今から二千年ほど前のパレスチナの生活、それは確かに現代の生活と同じではない。しかしわれわれが理解できないほど違ったものでもない。二千年前の地中海沿岸の暮らしは、ともするとわれわれが思い浮かべがちな未開な生活ではなく、それより遥(はる)かにわれわれに馴染(なじ)み深いものなのである。

たとえば、紀元七九年にヴェスヴィウス火山の噴火のために埋没した南イタリアの都市ポンペイの遺跡を訪れ、博物館にはいって発掘された品々を見る人は、当時生活に必要なものは結構なんでもそろっていたし、現代と比べて違うのは、結局のところ機械と動力源がなかったぐらいだ、という感をさえ抱くのである。

もちろんパレスチナはイタリアではないし、ポンペイほどの都市も数少なかった。イエス当時のユダヤ民族の本国は、地中海の東、おおよそ現在のイスラエルのあるところで、大体北緯三一度から三三度、東経三四度半から三五度半、すなわち南北二〇〇キロ弱、東西一〇〇キロ弱（つまり熊本・宮崎・鹿児島三県ぐらい）の狭い地域だった。

地中海岸にはヨッパやカイザリアなどの都市があり、低地で、シャロンの平原のような平野があるが、東にゆくにつれて、海抜数百メートル程度の山地となり、当時人口十万ほどの首都エルサレムも六〇〇〜七〇〇メートルの高地に位する。さらに東にゆくと今度は下りで地中海の水面より低くなる。ここは南北に走る陥没地帯で、北にガリラヤの湖があり、ここからヨルダン川が約一〇〇キロ南の死海に注ぐ。死海の水面は海面下四〇〇メートルほどである。その東はふたたび山地で、アラビアの砂漠に連なる。

夏と冬が長く、春と秋は短い。地中海的な気候であるが、砂漠から熱風が吹く。雨期は十月と三月である。北のガリラヤは肥沃であるが、南のユダヤの山地には荒野が多かった。

カイザリア（ローマ時代の築港遺跡）

ジャッカルやハイエナが出没し、旧約聖書にはライオンも登場する。塩分の濃い死海には魚は棲まないが、ガリラヤの湖には豊富である。はげたかや、はとのような鳥類も多かった。

農民は牛を使って畑を耕し、大麦、小麦、ぶどう、オリーブなどを栽培した。漁民は舟を出し、網や釣で魚をとった。羊飼いは羊や山羊の世話をし、牧草を求めて山野をさすらう。ろばも重要な家畜であった。馬は少なかった。

貨幣が通用し、商人が店を構え、あるいは隊商を組んで各地と交易する。銀行もあった。衣類などの日用品は家庭で作られたが、職人がいて、かまやすきを作り、家を建てた。普通の民家は煉り土や煉瓦でつくり、たいてい一間きりであった。食事はパンに野菜、少量の魚や肉や乳

ガリラヤ湖畔

にぶどう酒が主であった。

社会の単位は家族で、父が一家の主人として大きな権力をもっていた。子は父に、妻は夫に従わなければならなかった。娘は一二、三歳で嫁にやられた。めとる若者は一七、八歳であった。婚礼や葬式は盛大にとり行なわれた。子どもは家庭や会堂付属の学校で教育を受けた。ローマほどではないが奴隷もいた。

法律は――後述のようにきわめて特色あるものであったが――よく整備され熱心に研究された。学問や芸術はギリシアのようには発達しなかった。生活全体に対して決定的な意味をもっていたのは宗教である。

民族最大の苦悩は政治問題であった。地図を開いてみればわかるように、パレスチナは強国に囲まれ、しかも重要な交通路に位置しているから、ユダヤ民族は絶えず強大な外国の支配下に置かれたのである。だからユダヤ人の生活は決して平和ではなかった。それどころかイエス前後の時代はユダヤ民族にとって運命の時であった。

ユダヤ民族の歴史

前一三世紀〜前六世紀

紀元前一三世紀、ユダヤ民族はモーセに率いられてエジプトを脱出し、パレスチナに侵入してここに定着した。この民は前一一世紀にサウルを王として王国を形成し、ついでダビデ王のもとに、この民族にとっては忘れがたい繁栄と栄光の時を迎えた。しかし次代の王ソロモンが死ぬと王国は北王国イスラエルと南王国ユダに分裂した（前九二〇年頃）。そして北王国イスラエルは前七二二年アッシリアに攻略され、南王国ユダは前五八七年バビロニアの前に滅亡した。ユダの指導的な人々はバビロニアに連れ去られた。いわゆるバビロニア捕囚である。

ユダヤ教の成立

前五三九年、ペルシア王クロスはバビロニアを征服すると、翌年捕囚民の解放を布告し、捕囚の民は前五三七年第一次の帰還を許され、ただちに神殿の再建に着手した。前五世紀後半にエズラ、ネヘミアが帰国して、新しい法典のもとに民族の再建をはかった。普通、旧約宗教と区別された意味での「ユダヤ教」はここにはじまるとされ、また新約聖書の時代史もここから書きはじめられることになっている。

祭儀はもちろんユダヤ教の中で重要な地位を占める。だから捕囚民は帰還するとすぐにエルサレムに神殿を再建したのである。エルサレムは神殿都市となった。しかしユダヤ教のもっとも大きな特徴はその律法主義だといえる。ユダヤ教によると、天地の創造主ヤハウェはユダヤの民を選び、これと契約を結んだ。すなわちユダヤ民族はヤハウェの民となり、神はユダヤ民族の神となったのである。神と民とのこの関係の内容を具体的に示すものが、ヤハウェがモーセを通じて民に与えたという律法なのである。これはいわゆる旧約聖書の律法書に記されている。ユダヤ民族はこの律法に義務づけられる。もし民が律法を守るならば平和と幸福と繁栄とが民に臨み、逆にもし民が異なる神々を拝して律法からそれるならば、民には罰としてもろもろの災いが下る。

現代の私たちは、宗教というと、なにか学問や芸術はもちろん、政治や経済、法律や道徳とも違ったものだと考えている。宗教的義務は決して国民一般の義務ではない。しかし当時のユダヤではそうではなかった。律法は、祭儀の規定はもちろん、私たちが法律や道徳というものをも含み、それだけでなく、律法を守るかどうかということはまさに民族の政治的、経済的運命にかかわることとされたのである。この点をはっきりつかまなくては、ユダヤ教の、ほとんど常軌を逸した律法熱心は決して理解されないだろう。

だからユダヤ教徒は、律法を学び、それを正しく実生活に適用するにはどうしたらよいかということを、まさに人生第一の関心事とした、と言っても言いすぎではない。民は契約を憶えず、律法を守らず、異なる神々に香を焚いた。だから民族にもろもろの不運が臨んだのだ、これは神の罰なのだ、従って唯一の主へと立ちかえり、その律法を行なわなければならない。そうしてはじめて民に平和と独立と繁栄が訪れるだろう。かれらは堅くこう信じたからこそ、律法のもとに、民の再建をはかったのである。

シリア支配下のユダヤ民族

さて、マケドニアの王アレクサンダーは前三三四年東方遠征を開始し、ギリシアからエジプト、インダス川流域に及ぶ大帝国を建設した。この帝国建設はギリシア語とギリシア文化を東方に広めたという文化史的意義をもっている。アレクサンダーは前三二三年六月、三二歳の若さで熱病にたおれた。そのあと、大帝国はエジプト、シリア、トラキア・小アジア、マケドニアに分裂して、パレスチナはまずエジプトの、ついで前一九八年頃シリアの支配下に置かれた。当時シリアを治めたのはセレウコス王朝である。

そうすると優勢なギリシア文化が神殿都市エルサレムになだれ込んできた。しかし熱心なユダヤ教徒にとっては、異教徒と異教文化は、唯一の神をも律法をも知らない汚れた存在なのである。異教的なるものに対するこの烈しい嫌悪は、宗教的情熱に支えられた民族主義・国粋主義の産物だと言ったら、ある程度見当がつくかも知れない。しかも前述のように、宗教には民族の盛衰がかかっている。異教の汚れは、文字どおりともに天をいただくことのできない敵、滅ぼすか駆逐するか、あるいは自分がその汚れのために滅びるほかない敵なのである。そしてまた、ユダヤ人は、汚れた異教的なものは、聖なる神の尊厳の前に必ず滅びるはずだと考えた。しかしそのためには、まずユダヤ人が律法を守り、神の意志に従う潔い存在でなくてはならないのである。唯一の神のみを拝し、偶像崇拝を忌み、それゆえ決して人や獣の像を作らず拝まないというのが基本的な誡めであった。しかし悪いことに、ユダヤ民族を支配した外国人は、このようなユダヤ人の心情を必ずしも理解しなかったのである。

アンティオコス＝エピファネスのユダヤ教迫害　前一七五年、アンティオコス四世がシリア王に即位した。この王は自分を神の「顕現者」（エピファネス）と称し、神として振舞い、あれはエピマネス（狂人）だと皮肉られた。かれは大祭司オニアスを廃して、オニアスの弟ヨシュアに大祭司職を売りつけた。このヨシュアはヤソンというギリシア名をもったほどの外国かぶれで、ユダヤのギリシア化政策を推進するならさらに金を払うとアンティオコス四世に約束したのである。一般に優勢な異質文化に直面するとき、これを学び消化する前から、いわば盲目的に、穢れたもの、諸悪と禍いの根源とみなして排斥する人がいる。逆に、同様盲目的に、外国文化を崇拝してしまって、自国の伝統を何か恥ずかしいもの、醜悪なものと感じ、自国のものを捨て去って外国文化に同化しようとする人も現われる。さすがのユダヤにも後者がいた。

こうしてギリシア化が進められた。エルサレムにも競技場や浴場がつくられ、体育場（ギュムナシオン。ギュムノスは裸の意）では裸で体育をした。ところがユダヤ人は割礼を受けている。割礼というのは、男子生殖器の包皮の一部を切り取る手術であるが、神とユダヤの民との契約の印であり、これを受けることはユダヤ人男子の聖なる義務であった。割礼を受けないものは「民のうちから断たれる」。それなのに割礼を恥じて体育場でそのあとを隠そうとした若者があり、正統派ユダヤ人の怒りを買った。

ハシーディーム

そこで他方では契約と律法を重んじる忠信なユダヤ教徒の激しい反応が起こった。かれらは団結した。この人々はハシーディームと呼ばれる。かれらによれば、ユダヤ民族の不幸は唯一の神に対する背信のゆえである。ここでギリシア文化に膝を屈したらユダヤ民族はどうなるのか。かれらは「昼も夜も」律法を思い、律法の中に神の意志をたずね、決してこれに違反せず、むしろ律法によって実生活の全般を律しようと努力した。聖書の研究と解釈と適用とが、社会生活を指導しなければならなかった。ハシーディームは後述のパリサイ人の母胎である。

さて大祭司ヤソンは三年後罷免(ひめん)された。トビア家のメネラオスが多額の金をアンティオコスに払って大祭司職をヤソンから奪取したのである。ヤソンとメネラオス(メナヘム)が確執が、さらに反シリア派と親シリア派の争いがからんだ。そしてアンティオコス四世は、反シリア派=親エジプト派と正統的ユダヤ教徒とを同一視したので、ユダヤ教の禁圧を決意した。彼は法律を発布して律法生活を禁止した。聖書を持つことも、安息日を守ることも、割礼も禁止された。エルサレムの神殿はゼウスの聖所となり、神殿の祭壇の上に小祭壇が築かれ、豚が献(ささ)げられた(豚はユダヤ人には不浄の動物であり、禁忌〈タブー〉であった)。ディオニュソス祭儀も導入され、神殿売春も始まった。しかしユダヤ教の祭儀は死刑をもって禁じられたのである。ここには、逆にシリア側がユダヤ教をけがれた「異教」として禁圧しようとした意図がみえないだろうか。とにかくこうしてユダヤ側には早速殉教者が出た。

マカベア戦争

ユダヤ人の中にはこの命令に従ったものもあり、荒野に逃れて律法生活を続けた者もあった。しかし大多数はシリアに反抗して独立戦争に参加した。エルサレムの北、モディンに、祭司マタテヤが五人の子（ヨハネ＝シモン、ユダ＝マカベウス、エレアザル、ヨナタン）と共に住んでいた。村に王の役人が来て異教の神に犠牲を献げることを強要したとき、かれはこれを拒否した。すると他のユダヤ人が立ち上がって祭壇に犠牲を献げた。マタテヤは怒り、走っていってこの男を殺し、ついでに王の役人も殺して、同志を募って山に逃れた。するとこれを聞いて、律法に忠実なもののハシーディームが続々と彼のもとに集まった。こうしていわゆるマカベア戦争が始まった（前一六八年頃）。

マカベア時代の墓

シリア軍は安息日に攻撃をかけた。安息日は今の土曜日にあたるが、神が創造の業を終えて七日目に休んだことに起源をもつとされ、作業をいっさいしてはならない聖日と定められている。シリア軍に攻撃されたとき、律法に忠実な人々は安息日の掟（おきて）を守った。そして無抵抗のまま殺されてしまった。その数は一千人であったという。しかしこれでは戦争に勝つ見込みはないので、解放軍は安息日にも防衛戦争をすることを決議し、一連の戦闘に勝利を収めた。

マタテヤは前一六七年頃病死し、その子ユダ＝マカベウスが指揮をとった。かれはゲリラ戦が得意だった。前一六五年、ユダはエルサレムに入城し、汚されていた神殿の浄めの礼をとり行なった。キスリウ月の二五日で、それ以来この儀式は毎年キスリウ月の二五日から八日間行なわれることになり、ヨハネ一〇・二二の宮潔めの祭りがこれである。次にヨナタン、さらにその子シモンが指揮の任にあたった。戦いは三〇年近く続いた。前一四二年、シモンがエルサレムにあるシリア軍の拠点を攻略し、ユダヤ人の独立を達成した。そして最後のシリア王アンティオコス七世の死後、前一三五年、シモンの子で後継者でもあるヨハネ＝ヒルカノスがユダヤ国の王となった。これがハスモニア王朝である。

戦いの実際をみると、ユダヤ人は第一に律法に従って生活できる条件を求めたのであった。ハシーディームはこれ以外の何も目的としなかったようである。しかしマカベア家は、ただそれだけではなく、不虔なる者を探し出して迫害し、背信者をイスラエルから絶ったといわれる。マカベア家は律法化を実力をもって遂行しようとしたのである。さらに神がユダヤ民族に与えると約束した地から、ユダヤ教徒以外のものを駆逐しようとした。だからマカベア家が権力を握ったとき、ユダヤの南のイドマヤと、ヨルダンの東の民は、割礼を受けてユダヤの律法を受け入れるか、あるいはそれを拒んで死ぬかの選択を迫られた。こうしてイドマヤ、ペレアの民は、民族的にはユダヤ人ではないのに、ユダヤ教を受容することとなった。

サマリア

ガリラヤもユダヤ王国に編入された。サマリアだけは例外であった。北王国イスラエルが前七二二年アッシリアに滅ぼされ、指導的な人々がメソポタミア、メディアに連れ去られたあと、サマリアにはバビロンなどから異教の民が移住しきたり、イスラエル人と混血したため、バビロン捕囚の民がユダヤに帰還して後、ユダヤとサマリアは反目抗争するようになったのである。サマリア人はゲリジム山に神殿を建設し、モーセの五書だけを正典として認めたのである。あとになると、サマリア人は全くの異邦人とされた。

さてこのようにして、ハスモニア王朝は独立してほぼダビデ王の全版図を回復したことになる。しかし独立の喜びは長くは続かなかった。ユダヤ民族の行く手にはシリアより遥かに強大な敵、ローマが立ちふさがったのである。

クムラン教団と死海文書

ユダヤ民族の歴史を追う前に、目を死海北西岸のクムランにあった奇妙な教団に向けてみよう。それはイエス当時のユダヤ教の一面をよく示すし、また現在、いわゆるエッセネ派はこの教団のことだと考えられる。またこの教団は、洗礼者ヨハネや新約聖書と関係をもつ。またイエス自身エッセネ派の出であるとしばしば主張された（これは誤りであろう）。さて一九四七年、二人のベドウィンが偶然クムランの洞穴から、亜麻布にくるんでカメに収めた巻き物を発見して以来、学界に大きな波紋が広がった。まず巻き物の年代が問題となり、中世のものという説も出たが、土器の形状、亜麻布に含まれて

ベドウィン

いる放射性カーボン一四の量の測定、書体、本文や言語などから、大体紀元前一〇〇年から後七〇年の間のものであることが確認された。つまり旧約聖書と新約聖書の中間時代に位し、聖書学や歴史学にとって、はなはだ重要な史料であるということがわかったので、一連の大々的な発掘が進み、たちまち国際的規模で本文の出版や研究が行なわれ、その後二〇年間に数千の著書や論文が書かれた。このようにしてクムラン洞窟から発見された一群の文献を普通死海文書と呼んでいる。

一九四九年には、最初に巻き物が発見された洞窟から二・五キロほど南方にあるキルベト・クムランの遺跡が発掘された。これは八〇メートル四方の建物で、水道の設備があり、多数の水槽があった。ここからはヨハネ＝ヒルカノスの時代から、ユダヤ戦争（六六年〜七〇年。後述）初期にいたる貨幣が発見された。ただヘロデ大王時代のものは欠けている。さらに遺跡の東方には墓地があった。これらはみな関連のあるもので、現在、多少の問題はあるが、ヨセフスやフィロン、プリニウスの記事から知られていたエッセネ派のものであるというのが通説になっている。ヨセフスによると、エッセネ派はユダヤ教の一分派であり、私有財産を持たず、禁欲的で、謹厳そのものの修道院的な共同生活を送っていた。

洞穴から発見された写本群は三つのグループに大別される。第一は旧約聖書の写本で、旧約聖書の本文研究に重要な意味を持つ。第二はエッセネ派の人々の著作で、かれらの思想を示す。教団の規律を示すいわゆる「宗規要覧」、また「感謝の詩篇」、「光の子と闇の子との戦い」、「ハバクク書註解」と称せられる文書などである。第三はいわゆる旧約偽典で、「ヨベルの書」や「十二族長の遺言」などである。

死　海（塩分が濃いのでよく浮く）

エッセネ派の人々は、いろいろな資料を総合してみると、おそらく前二世紀後半に、パリサイ人と律法解釈に関して意見の相違をきたし、「義の教師」と称せられる不明の人物にひきいられて自分たちだけの教団を形成したと思われる。義の教師は、聖霊に感じて律法の正しい解釈を与えると主張し、また旧約聖書の預言は、その教団の運命において成就したと信じた。義の教師はこの点で、新約聖書、たとえばマタイ福音書が描き出すイエスと似た性格を持っているのが興味深い。かれらはまた、祭司的救世主(メシア)と政治的救世主(メシア)(メシア＝膏(あぶら)を注がれたる者、王また祭司は膏を注がれて聖別された。「キリスト」はメシアのギリシア語訳である）の到来を信じ、また神の定めに従って、この世界には真理の霊と虚偽の霊(ヨハネ一四・一七などの真理の霊、Ｉヨハネ四・六の迷いの霊参照)がそれぞれ割り当てられた人間を支配していると考えた。しかしやがて終末が来たり、光の子と闇の子は相戦い、虚偽の霊と闇の子らは滅ぼされる。このような世の終わりに関する思弁を終末論と呼んでいる。つまりかれらは、二元論的・終末論的思想を抱いていた。こうしてエッセネ派的な思想は新約聖書のあちこち、たとえばマタイ一三・三七―四三（これはイエスではなくマタイの神学に属する）、IIコリント六・一四―七・一（これもパウロのものではないであろう）などに反映している。

エッセネ派の宗団にはいるためには、一切の所有を宗団に捧げ、厳しい修練期間をへて、厳粛な宣誓をしなければならなかった。教団内部には厳格な祭司的規律が支配していた。かれらは律法の研究に専心し、しばしば沐浴して身を潔め、民のあがないのための使命を持つと考えていた。

宗団はさまざまな仕方で原始キリスト教に影響を及ぼしたと考えられる。この影響を大きくみることもできるのであるが、他方この宗団はイエス的な明かるい自由とはおよそ正反対の性格を持っていたことも見のがしてはならない。

パリサイ人と終末論

エッセネ派と違って、パリサイ派は分離主義をとらず、「神の民」とともにあることを選んだ。ユダヤ教の主流派となったのはこの人々である。かれらは律法の研究に専念し、民の教師であり、また裁判官でもあった。しかしかれらはそれぞれ手に職をもって、それで生活した。かれらの正典は大体われわれのいう「旧約聖書」であった。（旧約正典の範囲は紀元一〇〇年頃ヤムニアでパリ

ハスモニア家

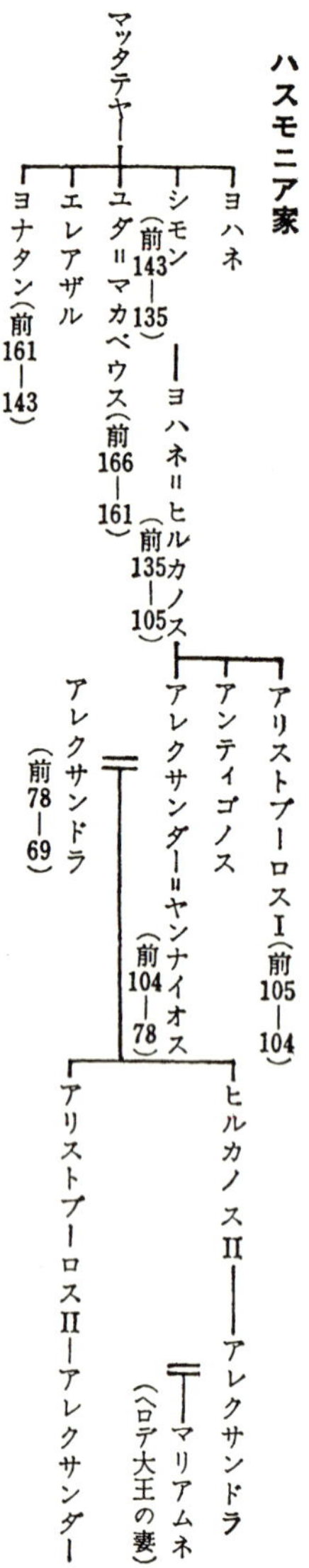

サイ人が決定した)。エッセネ派にもみられる「終末論」はかれらの間でも奉じられた。当時のユダヤ教には統一的な終末論はなかったが、大体政治的なメシア終末論と、宇宙的な救済者神話があった。前者は、やがてメシアが現われて、ユダヤを外国支配から救い出し、また世界を征服して黄金時代をもたらすという思想であり、後者の救済者神話は、饑饉、地震、戦争、疫病などのもろもろの患難のあとに世界の終わりが到来し天から超人間的な救済者が下って神に逆らう諸勢力を打ち滅ぼし、審判をとり行ない、神につくものだけが新天新地すなわち神の国にはいる、というのである。このような終末論は、後述のユダヤ戦争の精神的支柱となり、また原始キリスト教に大きな影響を与えた。イエスの思想と行動は徹頭徹尾終末論的だという学説すらあるくらいである。

ハスモニア王朝

さてヨハネ＝ヒルカノスが死ぬと、ヒルカノスは妻を女王にしようと考えていたのだが、長子アリストブーロス一世は彼女と三人の弟を幽閉し、それから彼女と四番目の弟を殺して、自ら王になった。アリストブーロス一世が死ぬとその妻アレクサンドラは幽閉されていた弟三人を解放し、一番上の弟アレクサンダー＝ヤンナイオスを後継者に立ててかれと結婚した。かれは王であり大祭司であったが、その母が一時捕虜であったという噂がたったので、その子が大祭司になるのは不法だとするパリサイ人と衝突が起こった。

ヤンナイオスのあとを継いで王となったのは、その妻アレクサンドラである。彼女は長子ヒルカノス二世を大祭司にした。しかし彼女が死ぬと末子アリストブーロス二世は暴力で王位と大祭司職を手に入れた。

前六三年、ローマのポンペイウスが近東を征服してダマスコに来ると、ヒルカノス二世とアリストブーロス二世両派はポンペイウスに訴え出て決裁を求めた。ユダヤの民族も使節を遣わして、ハスモニア王朝の支配を廃することを懇願した。ポンペイウスがエルサレムにきたとき、アリストブーロス派は疑惑を抱いてエルサレムの神殿の丘に立てこもった。ポンペイウスは三カ月の包囲の後勝利を収めたが、このときかれは神殿の至聖所を犯した。

このようにして、ユダヤ国はふたたび独立を失い、ローマの支配下に置かれ、その属国となった。アリストブーロスは捕囚の身となってローマへ送られ、ヒルカノスは王位を失って大祭司となった。

ハスモニア王朝の終末　漁夫の利を得たのは第三者、イドマヤのアンティパテルである。前述のようにイドマヤ人はマカベア戦争のとき強制的にユダヤ教化され、敬虔(けいけん)なユダヤ人には半ユダヤ人とみられたが、実際にはユダヤ民族主義を奉じているわけではないので、ローマにとり入るのは容易なことであったろう。アンティパテルはヒルカノス二世と組んで、エジプトで苦戦していたカエサルを助け、その功によって前四七年、ユダヤの代官に任ぜられた。このときカエサル（シーザー）は、ユダヤ人にローマ軍隊への兵役を免除し、ユダヤ人が祭儀を守り律法に従って生活する権利を保証した。弱小国にとって、政治的な成功とは、もはや強大なローマの権力者にうまくとり入ることでしかないのである。

アンティパテルの子が、イエス誕生のときユダヤの王であったヘロデである。アンティパテルは前述のようにカエサル派であった。しかし前四四年カエサルが暗殺され、暗殺者の一人カシウスがシリアに来ると、アンティパテルはかれに莫大な金を贈った。アンティパテルは前四三年毒殺された。子ヘロデは父の仇をとり、カシウスがアントニウスとオクタヴィアヌス(後のアウグストゥス)に敗れると、すばやく身をひるがえしてアントニウスにわたりをつけ、結局ヘロデと兄ファサエルはパレスチナの四分封主の地位を獲得した。

前四〇年、東方からパルティア人が侵入して来ると、ハスモニア家のアンティゴノスはパルティア人と組み、ファサエルは自殺し、ヘロデはローマに逃げた。彼はローマでうまく立ち回って、元老院でユダヤの王に任ぜられ、前三七年、パレスチナに帰ってアンティゴノスをエルサレムに包囲し、エルサレムが陥落すると、ローマ側に進言してアンティゴノスの首を斬らせた。こうしてハスモニア王朝は終わりを告げ、イ

ヘロデ大王の妻と子

ヘロデ大王
- ＝ドーリス―**アンティパテル**（前4年処刑）
- ＝**マリアムネ**（ハスモニア家）
  - **アレクサンダー**（前7年殺さる）
  - **アリストブーロス**（前7年殺さる）
    - **アグリッパI**（41―44）
      - **アグリッパII**（100年頃死）
      - ベレニケ
    - **ヘロデア**
      1. ヘロデの妻―サロメ
      2. アンティパスの妻
  - 他二女
- ＝マリアムネII――**ヘロデ**
- ＝サマリアの女マルタケ
  - **アルケラオス**（前4―紀元6、ユダヤ領主）
  - **アンティパス**（前4―紀元39、ガリラヤ・ペレアの四分封主）
- ＝エルサレムの女クレオパトラ――**フィリッポス**（前4―紀元34、ガリラヤの北東部の四分封主）

（他に五人の妻があった）

ドマヤのヘロデの支配が確立したのである。かれは大王の称号と、ローマの「盟邦の王」たる地位を獲得した。かれの治世は前三七年より前四年に及んだ。そして、イエスが生まれたのは前七年〜四年頃のことだと思われる。

ヘロデ大王

生粋（きっすい）のユダヤ人ではないのにユダヤ人の王となったヘロデは、その支配を確立するために不敵なことをやってのけた。

かれはハスモニア王朝のマリアムネ(ヒルカノス二世の孫娘)と政策的な結婚をしながら、これを処刑し、同じくハスモニア王朝のアリストブーロスを十七歳で大祭司に任じたあと、陰謀を用いて溺死させた。老ヒルカノス自身も同様な運命にあった。

ヘロデは、マリアムネとの間に生まれた子でハスモニア家の血をひくアレクサンダーとアリストブーロスが、処刑された母の復讐を策したので、両人を絞首刑に処した。こうしてかれはハスモニア家の血統を断った。それだけではなく、かれの猜疑はさらに広がった。エルサレムの女ドーリスとの間の子アンティパテルもヘロデの死の五日前に殺された。このようにヘロデは自分の支配に抵抗するものをすべて暴力で滅ぼした。

マタイ福音書第二章によると、ヘロデは、ベツレヘムにユダヤ人の王たるべき人(つまりイエス)が生まれたと聞いたとき、ベツレヘムとその近くの幼い男子をみな殺しにしたという。この話は外に記録がないし、マタイにはイエスをモーセに似せて描こうとする意図があるので、伝説であろう。しかしこの話は、ヘロデの性格をよく物語っている。ヘロデはスパイを民の中に放ち、自分も変装して市場にまぎれこみ、自分の人気を知ろうとしたという。国内に要塞を築き、神殿の北西の角にアントニア城を建て、防備を固めた。トラキアやガリアなどの傭兵がかれの権力の盾となった。かれはユダヤ人を信用せず、異邦人の軍隊を用いた。

ヘロデ大王というと残忍な暴君の代名詞のようになっている。実際かれの支配にはそのような一面があった。しかしかれは他方では民への配慮も忘れなかったのである。不毛の地に植民し、町々を美化し、飢餓の折には私財を投じた。特にエルサレムはかれの治下に面目を新たにした。かれは前二二年以来神殿を増築させ、水道をひき、劇場を作った。聖所には族長の墓を建てた。

かれはユダヤ人の気持ちも尊重した。エルサレムには皇帝の肖像を持ち込ませず、皇帝の肖像を刻んだ貨幣も鋳造させなかった。ローマ帝国内のユダヤ人のためにもローマ側と交渉して、かれらが律法に従って生活できるよう配慮した。

第三に、かれは国土をギリシア化しようとした。かれ自身ギリシアの文化人と交際し、哲学や修辞学や歴史に興味を示した。エルサレムには皇帝の肖像を持ち込まなかったヘロデも、サマリアにはアウグストゥス帝のために神殿を建て、ロドスにはアポロの神殿を建てた。アンティオキアの大通りには柱列を造り、サマリアはセバステ市となり、地中海岸には港湾都市カイザリアを建設し、この町ではギリシア人にもユダヤ人にも平等の市民権を与えた。

ヘロデの治世は矛盾した性格を持っている。かれはローマの権力とギリシアの文化とユダヤの宗教の困難なバランスの上に支配権を保とうとした政治家であった。しかし反対者には容赦しなかったのである。

ユダヤ人の抵抗

ヘロデの晩年に、ユダヤ人の抵抗が表面化した。ヘロデが死んだという噂（うわさ）が広がると、一団の若者が神殿に上がって、ヘロデが置かせた金の鷲を引きずりおろして粉砕した。若者たちの師は、捕えられると、王の命令より律法のほうがたいせつだと公言したので、ヘロデはかれらの焚殺を命じた。これを機に活発な抵抗が始まった。

パリサイ人は、ユダヤ民族の不幸は神の罰だと考えていたから、自ら律法を研究しこれを実生活に適用するとともに、民全般にも同じ態度を広めようとした。そうすれば神が民を救うというのである。しかし、パリサイ人のこのような態度にあきたらぬ一派があった。かれらによると、外国の支配は、ユダヤ民族の主は唯一の神であるということに反するのである。かれらは、政治的な反抗によって、外国支配を打倒することこそ、神の御意であると信じた。いわゆる「熱心党」はこのような行動的なグループから生まれ、この運動が後に対ローマ独立戦争である「ユダヤ戦争」を惹起するのである。

ヘロデ大王の三人の息子たち

さて、ヘロデの遺言によると王国は三つに分割され、王位を継ぐのは妻マルタケの子アルケラオスでユダヤを領し、ガリラヤとペレアは同女との子ヘロデ＝アンティパスが継ぎ、ガリラヤの北東の地方はクレオパトラの子フィリッポスが受けるよう指定してあった。ローマのアウグストゥスは結局ヘロデの遺言を大体において承認した。

アルケラオスの治世はほぼ十年続いた。大体かれは有能に治めたら王位を得るという約束だったのだが、失政が多く、ユダヤ、サマリアの使節がアウグストゥスにアルケラオスの廃位を要求したので、紀元六年アルケラオスの領地ユダヤ（その首都がエルサレムである）はローマの直轄地となり、騎士身分の総督下に置かれることとなった。こういうわけで、三〇年頃イエスがエルサレムで十字架につけられたとき、ユダヤの総督はポンティウス＝ピラトゥスだったのである。

フィリッポスはヘロデ家の人間としては穏健な支配をした。ヨルダン源流に都市カイザリアーピリピを、またガリラヤ湖畔に都市ユリアスを建設した。かれは三四年に死に、その領地は三七年から四四年までアグリッパ一世に、五三年から一〇〇年までアグリッパ二世に属することとなった。

ヘロデ＝アンティパスはガリラヤとペレアを領した。つまり、イエスはガリラヤで成長し、活動を開始したのであるが、その間の領王であった。アンティパスは貨幣に人の像を刻んだり、ガリラヤ湖畔にティベリアス市を建設して首都とし、競技場を設け、獣の像で飾った宮殿を建ててユダヤ人を怒らせた。ティベリアス市の一部はもと墓地であり、そのため町はユダヤ人にとってははじめから汚れていたのである。かれはアラビヤのアレタス王の娘をめとったが、異母弟ヘロデ（マルコ六・一七のピリポは誤り）の妻ヘロデアを恋し、最初の妻を捨ててヘロデアと結婚した。そのためかれは義父アレタスとの戦争を起こし、洗礼者ヨハネの非難を買い、ヘロデ＝アンティパスはヨハネを処刑した。

ヘロデ＝アグリッパ

ヘロデ大王とマリアムネの孫にアグリッパ一世がいた（前一〇年生まれ）。この男はローマで教育を受けたが、莫大（ばくだい）な負債を作ってしまった。しかし皇帝カリグラの寵を得、三七年死んだフィリッポスの領地を得た。それでヘロデアは心安からず、夫ヘロデ＝アンティパスを説いて王位を受けるためローマに赴かせたが、これを知ったアグリッパは皇帝にアンティパスを訴えたので、かえってアンティパスは地位を奪われ、現在のリヨンのほうへ追放されてしまった。ヘロデアは泣く泣く夫に従って落ちて行き、アグリッパはアンティパスの領土をも受けることとなった(三九年)。アグリッパはカリグラが殺されると(四一年)、次代の皇帝となったクラウディウスを援助したので、返礼としてユダヤ、サマリヤ、イドマヤをも獲得した。こうしてヘロデ大王の版図(はんと)はもう一度ヘロデ家の手に帰したのであった。他方、三〇年頃イエスが十字架につけられたあと、いくばくもたたないうちにイエスの弟子たちは、イエスこそメシアであり、かれは人々の罪のためのあがないとして死に、復活したのだと宣(の)べ伝え始めた。エルサレムに、おそらくガリラヤにも、原始キリスト教教団が成立し、エルサレム原始教団の指導者は、はじめはイエスの弟子ペテロ、そのあとはイエスの弟ヤコブであった。はじめキリスト教徒を迫害していたパリサイ人、キリキアのタルソ生まれのパウロがキリスト教に回信したのは、三三年頃のことである。かれは小アジア、ギリシア、さらにローマにまでキリスト教を伝道し、教団を作った。六四年のネロの迫害のとき殉教したらしい。さて話をユダヤ政治史にもどすと、四一年に即位したアグリッパは少なくとも領土内では敬虔なユダヤ人の心をうることを知っていた。彼はユダヤ教徒を保護したので、原始キリスト教団の迫害者となった(使徒行伝一二・三)。かれは「大王、皇帝の友、敬虔にしてかつローマ人の友」と称せられたが、四四年急死した(使徒行伝一二・二一―二三参照)。

その子アグリッパ二世は当時一七歳であった。かれはとうとう父の国の全部を継ぐことがなかった。パウロが弁明したのはアグリッパ二世に対してである(使徒行伝二六章)。六六年、ユダヤで暴動が起こったとき、かれは戦争の拡大防止に努めたが、失敗して以来、終始ローマ側につき、七〇年エルサレムが陥落したときは、ローマ人と共にユダヤ民族の没落を祝った。

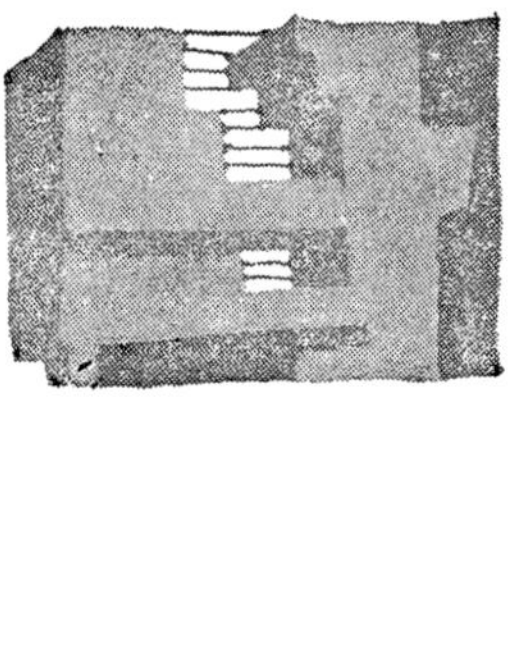

ローマのパレスチナ支配

前述のように紀元六年、ユダヤはローマ直轄領となり、四一年から四四年までアグリッパ一世が統治したが、かれが死ぬと、全パレスチナが騎士身分の総督の下に置かれた。

ローマの治世方針

ローマはユダヤ人に大幅な自治を許し、またユダヤ人がその「風習」に従って生きることを認めた。しかし律法はローマ人の目にはユダヤ人の「風習」であっても、ユダヤ人には神の神聖な命令である。そもそもこのへんから食い違いがあった。ローマはユダヤ人にローマの主権だけを認めさせようとした。具体的には、軍事権と徴税権、「議会」（サンヘドリン）の召集権と、最高裁判権を握っていた。サンヘドリンはユダヤ人の祭司、聖書学者、土地貴族から構成され、宗教問題についても、また立法・司法・行政に関しても、最高機関であり、民事・刑事の裁判権を持っていた。ただ死刑執行は総督の許可を必要とした。これはイエスの裁判を理解するため重要である。

ユダヤ人は兵役を免除され、原則として皇帝礼拝も強要されなかった。ただ毎日神殿でローマ皇帝のための犠牲を捧げることが要求された。

総督

総督は常時エルサレムではなく地中海岸のカイザリアにいた。過越(すぎこし)の祭りのように多数のユダヤ人がエルサレムに集まる時にはエルサレムに来た。ユダヤにはローマの正規軍は駐留せず、エルサレムには補助軍の歩兵隊が、神殿の北のアントニア城にいた。軍隊の中核は総督と同じくカイザリアに置かれた。

ユダヤ人が全生活の中心においた律法研究と律法遵守――その中には祭儀の執行も含まれる――は妨害されず、かえって保護されたが、ローマ人はもともとユダヤ人の律法熱心に理解を欠いていたし、ユダヤ人はローマの支配はユダヤ人に対する神の罰であって、基本的にはユダヤ人は神を知らぬ異教徒にまさると考えていたので、ローマの統治下にも平和はなかなか保ちがたかった。

すでに紀元六年、ユダヤがローマの直轄領になったとき、徴税台帳作製のため戸籍調査が行なわれたが、この時反乱が起こっている。ローマに税を納めるのは、単に経済的な問題ではなく、また民族感情の問題でもなく、神の誡(いまし)めにかかわる問題だったのである。人々は断乎調査を拒否すればきっと神が民を助けると信じた。この人々がいわゆる「熱心党」の母胎であるらしい。またローマの総督はしばしば職権を私腹を肥やすために悪どい仕方で行使したようで、これもユダヤ人には耐えがたかったに違いない。

ポンティウス＝ピラトゥス

最初の総督はコポニウスで、以下総督は三年ほどで交代しているが、グラトゥスは一〇年ほどその位にあり、そのあと二六年から三六年までユダヤの総督の地位にあったのが、かのポンティウス＝ピラトゥスである。この人はイエスの十字架刑執行を許したので歴史に悪名をとどめた。そうでなくてもあまり評判はかんばしくなく、収賄、暴虐、掠奪を行なったと非難されている。かれはユダヤ人の律法熱心を軽蔑し、エルサレムに皇帝の像を描いた軍旗を持ち込んだ。たちまちユダヤ人はカイザリアに押し寄せ、五日五晩デモをやって軍旗の撤回を要求した。するとピラトゥスは群衆を競技場に押し込め、兵士に剣を抜かせて威嚇した。しかしユダヤ人は身を伏せ首をのべて、聖なる都エルサレムの冒瀆を忍ぶより死んだほうがよいと言ったので、ピラトゥスは仕方なく折れた。その後ピラトゥスはエルサレムに水道をひくために神殿財産を流用したので、ふたたびエルサレムで群衆に包囲された。このときは棍棒を手にした兵士が群衆を解散させた。さらに皇帝の像を刻んだ金の盾を総督官邸にかかげようとしたから、ユダヤ人はティベリウス帝に訴え出、皇帝は件の盾をカイザリアに持ち帰るようピラトゥスに命令したという。

　ピラトゥスはサマリアの事件で免官になった。あるサマリア人の預言者が、最初の神殿の聖器がサマリアの聖所ゲリジム山に埋めてある。それを取り出してみせると言い出した。これは当時の終末論によると、いよいよ救済の時、メシアの時代の到来を意味するのである。サマリア人は武装して集まり山へ向かおうとした。ピラトゥスは介入して多くの人を殺し、指導者を処刑した。サマリア人はピラトゥスをシリア総督に訴え、シリア総督はピラトゥスを解任して弁明のためローマへ赴かせた。ピラトゥスはその後処刑されたとも自殺したとも言われるが明らかでない。

オリーヴ山を望む

ローマとユダヤ人の衝突　皇帝カリグラ（三七—四一）はアレキサンドリアとパレスチナのユダヤ人に多くの災いをもたらした。カリグラは病的なほど神として崇拝されることを求めた。ユダヤ人は皇帝礼拝を免除されていたが、アレキサンドリアではユダヤ人の会堂に皇帝の像が持ち込まれ、ユダヤ人が抵抗すると、ユダヤ人虐殺がはじまった。パレスチナでは、海岸都市ヤムニアで異邦人が祭壇を皇帝のために建立すると、ユダヤ人はそれを破壊した。カリグラはこれを聞いて激怒し、帝の肖像をエルサレム神殿に安置するよう命じた。ユダヤ人は、時のシリア総督ペトロニウスにその中止方を懇願した。そこでペトロニウスはさまざまな理由をかまえて命令実行を延期し、カリグラと親しいアグリッパ一世も皇帝に命令撤回を願った。しかしカリグラは聞き入れず、かえってペトロニウスに自決を命じ、皇帝像搬入を強行しようとした——が幸い、その前にカリグラは暗殺され、ペトロニウスは命拾いをし、ユダヤ人は神を讃えた。

総督ファドゥスの時には、チューダの事件が起こっている（四〇年代中頃）。チューダも救済の時の到来を告げ、一群の人を率いてヨルダン川におもむき、かれの命令によって水が二つに分かれると言った——救いの時にはエジプト脱出の時の奇蹟が再来する。ファドゥスはチューダの一党を襲撃し、チューダは死んだ。総督フェリックス（五二—六〇）の時には、「エジプト人」の事件があった。かれも群衆を集めて、オリーヴ山から命ずれば、エルサレムの城壁は崩れると称した。しかし城壁が崩れる前に、フェリックスは兵を派遣して一党を散らした。「エジプト人」は逃げた。このような一連の事件は、この頃ユダヤ人がどんなに神の奇蹟的介入による救済の到来を熱望していたか、を示している。この頃から熱心党員は刺客に変じ、匕口を呑んで群衆にまぎれこみ、「民の敵」である親ローマ派の要人を刺した。大祭司すらその刃にたおれた。

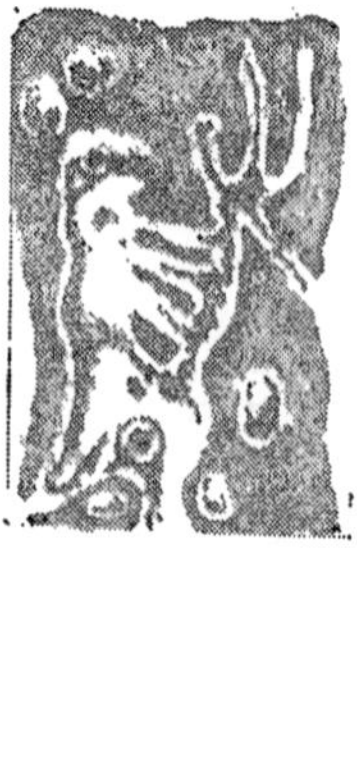

ユダヤ戦争とその後・むすび

ユダヤ戦争

ローマ支配のもとで、ユダヤ人の忍耐は刻々と限界に近づいていた。そして六六年、総督フロールスが神殿財産に手をつけたのが導火線となり、パレスチナのユダヤ人はいっせいに反乱を起こした。ユダヤ戦争である。エルサレムにいたユダヤ人キリスト者（クリスチャンになったユダヤ人。クリスチャンになった異邦人と区別して、ユダヤ人キリスト者という）はこの戦争に参加せず、ヨルダン川の東ペレアに退去した。イエスを主と信ずるかれらは、他のメシアを待望するユダヤ教徒と行動を共にすることができなかったのであろう。しかし熱心党を中核とする主戦派は必勝の信念に燃えていた。前述のように、汚れた異邦人は聖なる神とその民の尊厳の前に当然滅亡するはずだからである。

戦争の経過を詳しく追う必要はないであろう。ユダヤ人は緒戦ではなばなしい勝利を収めた。しかし相手はあまりにも強大であった。とはいえユダヤ人の反乱は、ローマにとっても決して世界の隅の小事件ではなかった。ローマは第一級の将軍でのちに皇帝となったウェスパシアヌスを司令官とし、三軍団を中核とする数万の軍隊でエルサレムを包囲した。

他方エルサレムでは、反乱軍は律法の徹底を求め、それまでヘロデ家やローマが大祭司を任命していたが、律法に従ってくじで定めることとした。このような律法主義は、律法を行なおうとするとき、その解釈に関して意見が分かれたので、反乱軍の中に分裂と抗争をもたらした。殺し合いも起こった。反対派の倉庫に火を放ったので、せっかく蓄えた食糧の少なからぬ部分が焼けてしまった。しかしユダヤ人はなお救いの時の到来と、神の援助を確信して勇敢に戦った。

六八年皇帝ネロが自殺し、六九年ウエスパシアヌスが帝位についた。かれは長子ティトゥスをユダヤ攻略軍の司令官に任じた。かれは兵力を増強して攻撃にあたった。参謀長はアレクサンドリアのユダヤ人哲学者フィロンの甥(おい)、ティベリウス=アレクサンダーであった。

エルサレムの「なげきの壁」

七〇年、ローマ軍の攻城車は城壁破壊に成功し、ローマ軍は市内に侵入した。ユダヤ人は飢(う)えに苦しみながらも神殿区域に立てこもって防戦した。ついにローマ軍は神殿になだれ込んで手当たりしだいユダヤ人を殺戮(さつりく)し、ティトゥスは神殿に放火することを禁じていたのに、神殿は炎上した。さらに一カ月たってエルサレム全市がローマ側の手に渡った。七一年ティトゥスはローマで盛大に凱旋(がいせん)式を祝い、捕虜(ほりょ)や掠奪(りゃくだつ)した神殿財宝を行列に加えた。この図は今なおローマにあるティトゥスの凱旋門に見ることができる。最後まで抵抗したのは死海沿岸のマサダ城で、エルサレム陥落後三年間ローマ軍の包囲に耐えた。ついに城壁が破壊され、籠城軍は勝利の希望を失って、女も子どもも全員自決して果てた。七三年四月であった。

エルサレムは廃墟となり、サンヘドリンも消滅した。ユダヤ人は自治権を失った。エルサレムの西の海岸都市ヤムニアには非戦派のパリサイ人が戦中から集まっていた。エルサレムと神殿が破壊されたのち、ユダヤ人の指導者となり、神殿を失ったユダヤ教を、律法宗教として再建したのはこの人々であった。

最後の反乱

しかしなお救済の希望は消えなかった。エルサレム陥落は、なおユダヤ人の罪に対する神の罰と解された。律法の貫徹が救いをもたらすはずであった。ユダヤ人は、戦後ローマのユピテル神殿に税を納める屈辱に耐えかねていた。紀元一三〇年、ハドリアヌス帝は割礼を野蛮な風習として禁止し、エルサレムをローマの都市として再建しようとした。

そこで一三二年、二度目の恐ろしい戦争が始まった。（クリスチャンはやはりこの戦争にも参加しなかった）。指導者はバルコシバ（バルコクバ）であり、著名なラビ、アキバが精神的支柱となった。ユダヤ人は再び緒戦に戦果を収め、いったんエルサレムを占領した。戦局はローマ側にとっても重大であった。ハドリアヌス皇帝はパレスチナで戦況を視察したとき、元老院に対する報告の中で、慣例の挨拶「私と私の軍隊は健在である」をはぶいたという。しかしユダヤ側は結局敗北した。ユダヤ全体にわたって町や村や要塞が破壊され、多くの人が死んだ（数十万という報告があるほどである）。

エルサレムは今やローマの都市となり、コロニア・アエリア・カピトリーナと命名された。ユダヤ人は市内から追放され、異邦人が住みついた。こうしてユダヤ人は祖国を失い、二千年にわたって世界中を放浪する運命に陥ったのである。

むすび―イエス当時のユダヤ人の状況

結局、イエス当時のユダヤ人の問題には、宗教と政治と経済とが密接にからみ合っていたのである。たとえばローマの支配という政治的状況は、苛酷な徴税で経済問題となり、さらに外国に税を納めることは宗教問題となった。さらに国内では「律法を知らない土民（アム＝ハーアーレツ）」が、政治的・宗教的差別と貧窮に苦しんでいた。民は救済を求めていたのである。真の救済はどこにあるのか、そして真の救済を告知した人はどんな運命にあうのだろうか。しかしイエスの生涯と思想にはいる前に、これをどのように扱うかを論じておかなくてはならない。

Ⅱ 研究史・研究の方法

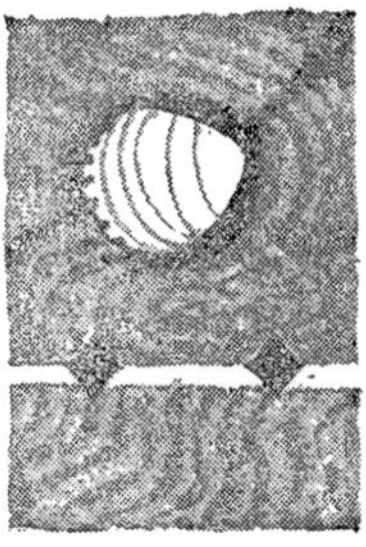

研究の歴史

史料による困難

現在イエスについて書くのは非常にむずかしくなってしまった。理由はいろいろあるけれども、主として史料の性質のせいなのである。イエスについて知ろうとすれば、新約聖書、それも福音書によるほかはない。それ以外にイエスに関する記録はほとんどないと言ってよいくらいなのである。イエス自身は何も書き残さなかった。

そして最近だんだんと明らかになってきたのだが、福音書はイエスの伝記ではなく、信頼できる言行録ですらない。福音書は、むしろ、イエスを救主と信じた原始教団のひとびとの信仰的文書なのであり、誇張して言うならイエス伝説集とさえいえるような性格をも持っている。

だから今日イエスについて書く者は、いったいどういうつもりで何を書くか、まずはっきりさせておく必要がある。そのためにはイエス研究の歴史を主として史料批判という観点から簡単に振り返りながら、考えてみるのがよい。イエス研究の歴史は、それ自身としても、なかなか興味深い物語なのである。

福音書がイエスのありのままの姿を伝えていないということは、早くから感じられていた。福音書の記録を批判的に吟味して、「教義学的な粉飾」をとり除き、はだかの「人間イエス」を掘り起こそうという努力は、一八世紀後半からはじまっている。人間イエスがどんな男であったのかをありのままに知ろうという、歴史学的な興味と並んで、イエスの、素朴なだけに根源的な宗教へ立ち返ろうという、神学的な関心が現われた。両者が結合してイエス研究を推進したのである。一九世紀から二〇世紀初頭にかけてたくさんの「イエス伝」が書かれた。この中ではたとえばシュトラウスの鋭い批判的研究や、ルナンのイエス伝などが有名である。他方すでに一九世紀後半に、イエス伝は不可能であるし、無意味でもあるという発言があるのも忘れることはできない（マルチン＝ケーラー）。

二〇世紀はじめまでの研究

二〇世紀はじめまでの研究については、アルバート＝シュヴァイツァーの「イエス伝研究史」がある（遠藤・森田訳　白水社「シュヴァイツァー著作集」第一七〜一九巻）。シュヴァイツァーによると、イエスの言行は当時のユダヤに広がっていたメシア期待からして理解されなくてはならない。そしてシュヴァイツァーは主としてこの観点から、かれ以前のイエス伝をとり上げ、論評するのである。そしてかれは、いわゆる「イエス伝」には結局のところその著者の関心が強く反映し、ナザレのイエスに托（たく）してその著者が抱いている理想的人間像を描き出したものにすぎないと、痛烈に批判した。

しかしシュヴァイツァーの「研究史」以後、すなわち一九二〇年頃以降の研究が重要である。以下ではここに焦点を合わせてみていこう。実際たくさんのイエス伝が現われ、各人各様の「イエス」を描き出すに及んで、もし歴史のイエスの姿をたずねるというならば、信頼できる史料にもとづかなくてはならないという当然な反省が起こってきた。

そしてどのような史料が信頼に値するかというと、まず時間的にも場所的にもイエスの近くにいた人々が残した記録だということになる。しかし他面こういう記録は往々にして公平さを欠くものであるが、それについてはあとで触れる。

そこで福音書の中でどれが一番古いかということが問題になった。福音書の研究は大体いつもイエス研究と結合していたのである。一九世紀終わりから二〇世紀はじめにかけてまとめられ、通説となった学説は、ホルツマンなどによるいわゆる「二史料説」である。これは福音書としてはマルコが一番古く、マタイとルカはマルコを利用し、さらにマタイとルカは「イエスの言葉集」（通称Q史料）を用いた、ということを示した。マタイとルカはそれぞれの特種（とくだね）史料をも持っている。さらにマルコ以前のいわゆる「原マルコ」も探求された。

そこで、マルコと「イエスの言葉集」にもとづいてイエス伝を書けばよかろうということになり、ホルツマンあたりはこれを実行したのであるが、ここで重大な問題が起こってきた。それは、ただ古いというだけでは、記録の歴史的確実性の保証にはならないということであり、問題を提起したのはいわゆる「様式史的研究」である。

様式史的研究

様式史はもともと一般的な文学研究の方法であったが、まず旧約聖書研究に、次いで新約聖書研究に適用された。様式史的研究の対象は、特定の個人の著作ではなく、たとえば民間伝承がのちに文書にまとめられた場合のように、その成立に長い時がかかり、またたくさんの人間が参与しているような文献なのである。この場合には、個々の人の傾向や性格を超えた一般的な法則が働くのであり、この法則の認識が様式史の重要な課題の一つとなる。

様式史は次のように考える。物語が文書に定着する前、口伝の時期があった。そしてまた伝承は、決してところきらわず流布された、というものではない。伝承が形成され伝えられる「場」がある。たとえばイエス以後、三〇年〜七〇年の原始教団の場合、教会はすでに多面的な活動をしていた。教会は伝道を行ない、礼拝を守り、洗礼や聖餐の儀式を執行し、信徒の神学的・道徳的訓練をした。そこでたとえばイエスの倫理的な言葉の定型化と伝承とは、信徒の道徳的訓練というような教会の営みと切り離して考えることはできないし、また最後の晩餐（ばんさん）の物語は、聖餐というような儀式と関連して語られたであろう。

伝承が形成され伝えられる場を「生活の座」(Sitz im Leben) という。一定の生活の座において形成され、伝えられた伝承は、特定の「様式」(Form) を持つ。実際、福音書に記されている伝承には、若干のいちじるしい様式があって、これを区別分類することができるのである。そこで様式史は、伝承の様式を分類し、様式の特徴を手がかりにして、それぞれの様式の「生活の座」を推定し、逆にここからして様式を理解するのである。

さて「生活の座」が推定されると、今度はそれぞれの生活の座特有の関心からして、当然伝承の発展の方向が定まることとなる。こうして様式史は伝承の成長を追跡し、その法則を知り、逆に伝承の古い、もとの形を再現しようとする。このような研究が、イエス研究にとって大きな意味をもつことは明らかであろう。

二史料説の段階では、最古の文献が求められた。それはマルコ福音書でありQ史料であった。ところが様式史は、文書をさらに単元的な伝承へと分解して、最古の伝承とその性質を追求したのである。口伝の時期に伝えられたのは個々の物語や言葉であって、まとまった伝記ではない（例外はイエスの受難物語である。これは伝承の中ではもっとも大きな・まとまった物語として、伝えられた）。

一九一九年、K・L・シュミットは「イエスの歴史の枠」という本を書いた。これは福音書に対する、本格的な様式史的研究の最初のものだといえる。この本は、福音書がはじめからまとまりのある文書として書きおろされたのではなく、断片的・単元的な伝承を集めてできたものだということを示した。とくに、場所や時の記述、先行する物語との関連の部分は、福音書記者が書いたものだというのである。最初の福音記者マルコは、自分ではイエスの言行の歴史的な順序を知らなかった。かれはただ単元的な伝承を集めてまとめたのである。（このことはマルコ福音書に関する、二世紀はじめのパピアスの証言と一致する）。

この研究はイエス研究に対して大きなショックを与えた。もし福音書記者が自分ではもういろいろな出来事の順序・前後関係を知らず、ただ断片的な伝承を――歴史的な観点からすればかなり勝手に――排列したのだとすれば、そしてそれ以外にわれわれはよるべき記録をもたないのだとすれば、イエスの歴史を年代順に再構成することはもはや不可能だということになる。そしてシュミットは正しかった。現在、イエスの伝記を書くことはできない、すなわち、いつ・どこで・何が起こったのか、さまざまな出来事を確定して、それらを年代順に排列し、その因果関係を明らかにすることはできないというのがほぼ学界の通説なのである。

一九一九年、マルティン＝ディベリウスも「福音書の様式の歴史」を書いた。かれは福音書の伝承を様式に従って分類し、それぞれの様式の「生活の座」を推定した。たとえばかれが「範例」と呼ぶ様式がある。それはマルコ二・二三―二八の物語のように、イエスの言葉を中心として、その言葉が語られた場面や登場人物を簡潔に描く。ディベリウスによると、この様式の伝承は、原始教団の説教で用いられたという。つまり説教の中で、イエスの言行が信者の範例として語られた。こうして語り伝えられた伝承がディベリウスの言う範例という様式の伝承に属するというわけである。この場合、イエスという存在の意味を問うたり、その能力に尾ヒレをつけたりする動機は存在しないし、また説教の聴衆の中にはイエスを直接知っていて話を訂正することのできた人もあったろうから、「範例」に属する伝承は比較的信頼できる、という。

またかれが「ノヴェレ」と呼んだ様式がある。これはイエスの奇蹟的行為を物語る。たとえば癒し（いや）の場合には、患者の恐ろしい病状を述べ、イエスが病気を癒すやり方を克明に報告し、病気が快癒（かいゆ）したことを実証する事実を挙げ、居合わせた群衆の讃嘆に終わる。この様式の伝承は信徒の好奇心に満ちた敬虔（けいけん）に訴えるもので、それだけに話が誇張されやすく、その過程を実際に示すことができる。だから史的真実性は希薄であるという。それから一九二一年にルドルフ＝ブルトマンの「共観福音書伝承の歴史」が出た。この本は伝承を

「生活の座」に関連させて理解するというより、本の題名が示すように、共観福音書に集録されている伝承を分析・吟味してその発展の歴史を追跡し、その際現われる法則を明らかにすることに重点をおいている。ブルトマンは同時に、ヘレニズムやユダヤ教の文献から似たような物語を集め、福音書の伝承と比較するが、これは福音書の理解にいろいろ助けになるのである。かれはまたマタイ、マルコ、ルカが伝承を編集するに際して用いたテクニックをも問題にした。これは最近の福音書研究の方向のさきがけともいうべきものである。ブルトマンはこの本の中で、伝承の研究を基礎にして史的批判を展開した。その結果かれによると、福音書の記事のうち歴史的に信憑性（しんぴょうせい）のあるものは、ほとんど終末論的色彩の濃い若干のイエスの言葉だけに限られるということになってしまった。

様式史的研究は、個々の伝承を分析・吟味しただけではなく、福音書的伝承全般の性格について、決定的な判断を下したのである。つまり、伝承が原始教団という特定の場で定型化され伝えられてきたなら、それは当然原始教団特有の関心や神学を反映しているはずであり、実際そうだと考えられるのである。そうすると原始教団のイエス伝承は、全体として原始教団のキリスト理解を語っているのであって、「歴史のイエス」の姿に関する客観的な報告ではないということになる。原始教団はむしろ、かれらにとって本質的に重要と思われたことを伝承に托して語り伝えたのである。だから福音書は、イエスという人の年齢や容貌や性格や経歴のようなことは、いっさい語らないのである。

こうしてイエスの伝記を書くことはますます困難になった。一九二六年にブルトマンは「イエス」を書いたが（川端・八木訳　未来社）、かれはこの本の中でイエスの「伝記」にはほとんど何も触れていない。ブルトマンによれば、われわれがとにもかくにも再構成できるのは、イエスの思想だけなのである。こうしてかれはイエスの思想を問題にし、その際イエスの世界観や哲学ではなく、イエスが人間のあり方をどう理解していたかに焦点を合わせた。というのは、ブルトマンによると、ここに思想の本質がみられるからである。

さてブルトマンは、イエスは一方では律法の教師の性格を持ち、他方では預言者の性格を持つとした。この二面は矛盾し合うものである。というのはイエスは預言者としては終末の近いことを語ったのであるが、他方律法は、この世がいつまでも続くことをいわば前提とするものだからである。イエスはどうしてこのような二面を持つことができたのであろうか。ブルトマンは解決をイエスの人間論にみる。イエスの律法論と終末論の根底には同じ人間理解があるというのである。すなわちイエスは人間が常にいま、ここで「決断の状況」に置かれているとみた。どのような状況に置かれても、どこで何をすればよいかをすっかり決めてくれるような倫理の体系は決してありはしないし、またあってはならない。人はいま、ここという具体的な状況では、いつもいわばよりどころのない空中に放り出されたようなところがあり、従って何をなすべきか自分で決断しなければならないのである。こうして人間は常に決断の状況に立たされている。イエスの律法論も終末論も、ともにこのような人間のあり方を語っている、というのである。これはすぐれたイエス解釈だといわなくてはならないし、われわれの研究にも一つの指針を与えてくれる。

様式史的研究はこのように伝承に対して批判的、懐疑的であったので、いきおい風当たりも強かった。また実際、様式史的研究の個々の結果は、必ずしも全部正しいとは言えないし、様式史家相互の間に意見の食い違いも少なくないのである。しかし様式史的研究は、全体の方向としては確かに正当であった。そしてこのことを裏書きしたのが、最近推進されたいわゆる「編集史」的研究なのである。これは様式史の研究を認め、その成果をふまえながら、これを別の方向に展開したものであって、このような研究ができたということが、逆に様式史の正しさを示すのである。

編集史的方法　編集史的方法というものは既に一九〇〇年に出たヴレーデの「メシアの秘密」にも用いられてはいるが、これを自覚的に駆使してすぐれた成果をあげたのはハンス＝コンツェルマンの『時の中心』である（一九五四年　田川建三訳　新教出版社）。様式史は、福音書記者は伝承を集めてつなぎ合わせたものだと考えた。そして、その関心は古い伝承の層に向けられていた。このような考え方はそれなりに正しいし、また理由もあったのだが、編集史的方法は、伝承の新しい層に目を向ける。つまり福音書記者が福音書を編む時に古い伝承に対して加えた操作に注目するのである。福音書相互を丹念に比較したり、それぞれの福音書記者特有の単語や考え方を探したりして、福音書記者が伝承をどのように取捨選択したか、また古い伝承に対してどんな書き加えや削除や訂正を行なったかを推定し、次にこれらの材料から、福音書記者がどのような視点から福音書を書いたかを尋ねるのである。コンツェルマンは、ルカ福音書についてこの研究を行ない、福音書記者は、従来考えられていたように、単なる伝承の収集者ではなくて、イエス＝キリストや神や歴史に関して一貫した考えを持っており、独自の神学的観点から伝承を処理したのだ、ということを示した。

これは確かに様式史以後の福音書研究に一時期を画したものであった。それから一〇年あまりの間に、マルコやマタイの福音書に関して、同様の研究が次々と現われたのである。こうして現在、われわれには、たとえば以下のようなことが明らかになった。福音書記者マタイによると、イエスは律法の真意を解釈してこれを愛として教えた。しかしかれは単なる教師ではなく、終末の審判の告知者であり、審判者その人である。同時にキリスト教団の主として、信徒の祈りに応じてその危急を救うのである。マルコはイエスを言葉においても業においても異常な、驚くべきものとして描いた。すなわちマルコにとってイエスは把握を絶していた。だからかれはエルサレム原始教団のキリスト論に対して、つまりイエスの真の姿をメシアとか神の子とかいう伝統的な概念で把握する試みに対して、批判的だった。またルカは、旧約の時代とイエスの時代と教会の時代をはっきりと区別し、イエスの時を「時の中心」として把握した。そして終末は、決して否定されてはいないが、不定の未来へと押しやられている。またルカによれば、イエスは悔い改めの告知者であった。人は富や所有によってこの世の生活を安全に保とうとする虚しい努力を捨て、ひとりひとりが悔い改めて父なる神へと立ち帰るべきなのだ、というような具合なのである。

さてこのような成果はイエス研究に対してどんな意味をもつのだろうか。それはまだ十分明らかになってはいない。しかし容易に推定できることでもあるし、また実際個々の場合についてかなり具体的に確かめることができるのだが、従来イエスの真正な面影を伝えているとされていた僅かな伝承も、実は福音書記者の神学の強い影響下にあると言えるのである。福音書記者にしても、やはり客観的に正確な歴史的な報告を意図したのではなかった。むしろ伝承をいわば素材として、かれらが本質的だと考えるものを、すなわち過去ではなくかれら当時の人々にとって意味があると考えたことを、描き出したのである。こういうわけで、イエスについて書くことはまたもう一段とむずかしくなってしまったのである。実際、この十年間に、以上のような状況を十分顧慮して書かれた「イエス」はあまりないのである。

他方一九五〇年代の中頃から、いわゆる「史的イエスの問題」（史的イエス像再構成の可能性、イエスと原始教団の関係、イエスの今日に対する意味、などが問題になった。第一の点は本書Ⅱ、Ⅲ、第二、第三の点は本書Ⅳの主題である）が盛んに論議され、その中で、「史的イエス」の姿は従来考えられていたよりももっと確かに把握できるという主張がなされ、ボルンカムの「ナザレのイエス」（一九五六年　善野訳　新教出版社）や、シュタウファーの「イエス——その人と歴史——」（一九五七年　高柳訳　日本基督教団出版部）が現われた。これらはなかなかすぐれた文献ではあるが、今からみるとすでに史的批判の点や内容の点で十分説得的でないところがあるといわなくてはならない。

イエスの言行に接してこれを記憶し、語り伝え、ついには福音書にまで定着させた多くの人々は、決して客観的な事実をできるだけ忠実に伝え、再現しようとしたのではなかった。むしろ、人々はこれらの伝承を素材にして、ある本質的な事柄を語り明かそうとした。しかもその本質把握は決して一様ではない。

当時の律法教師と弟子の関係においては、弟子は師の言葉を、一言一句をも漏らすまい、変えるまいと忠実に記憶し語り伝えた。だからイエスの弟子も同じようにしたに違いないという考え方がある。しかしこの考え方は一つの重要な点を見落としている。つまりイエスの弟子にとって、イエスは単なる律法の教師ではなかった。否、イエスは律法以上、モーセ以上であった。しかも復活のキリストがかれらの主として教団に現臨したのである。かれらは「復活のキリスト」のもとにあり、「復活者」を通して「歴史のイエス」を見、これを理解したのである。だからそこにはイエスとキリスト、歴史と信仰との独特の融合が生じた。こうしてイエス伝承はイエス解釈にほかならない。このような状況のもとで、福音書を手がかりとしながらイエスを描き出そうとするとは、いったい何を意味するのだろうか。

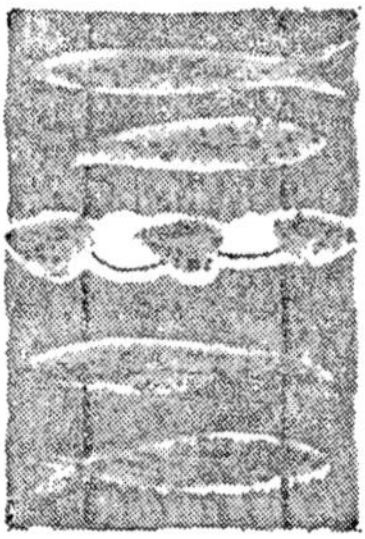

伝承の性質

伝承・釈義・説明

伝承の過程というものを考え直してみよう。イエスの個々の言葉や行為が忘れがたく印象づけられたことがあったに違いない。たとえば「敵を愛しなさい」というような言葉は、恐らく反感と抵抗を抱かせたであろうが、やはり聴く人々の心に語りかけ、刻みこまれたことだろう。実際今でもなお、聖書に記されるイエスの言葉や振舞は読者に語りかけ訴えかけるのである。

このような言葉をかみしめ、これについて思いめぐらしているうちに、いつかそうしている人自身がある仕方で変えられてゆく。というのは「イエスの言葉」は人間存在の奥深い規定から出、聴く人のうちにその規定を目ざますからだ。人同志は、よしんば「敵」であろうとも、実は深く結び合わされている。このことは、日常の生活の中でいつか自分を孤立させ、他の人との間に厚い壁を作ってしまうわれわれの目には見えないが、イエスの言葉は突如としてそのような壁にもかかわらず――いや、壁を作ることができるというそのことが、本来人同志の間に存立するかかわりを示しているのだ――人間の深い規定へと目ざめさせるのである。

このような人は今や、こうして知った人間存在のあり方の秘密を、自分で言い表わす――「イ、エ、ス、の言葉」に托して。だから外側から見ると一定の言葉が口から口へと伝えられてゆくように見えるけれども、実は単にそれだけのことではなかった。伝承の過程には人間の実存が関与しているのである。

であればこそ、伝承はまた単なる伝達ではあり得なかった。人は「イエスの言葉」に托して自分が把握したことを言い表わそうとしたのである。同時にイエスの言葉をわかりやすく伝えようとしたのである。だからそこには解釈が入りこみ、そもそもなぜそのような言葉が語られ、行為がなされ得たかを説明する理由づけが、言葉とともに伝えられるようになった。そしてその理由づけをかなり組織的・一貫的な形で、イエス伝承に対して行なったのが、上述の福音書記者の神学だったのである。

たとえばマルコ二・一三―一七に、イエスがレビを召して弟子としたこと、取税人や罪人たちといっしょに食事をしたことが記されている。このときパリサイ人が、イエスはなぜ汚れた人々といっしょに食事をするのかとなじった。食卓をともにすることは、同等の人間としてまじわりの関係にあることの、端的な表現だからである。するとイエスは「丈夫な者には医者はいらない、医者は病人のために必要なのだ」と答えた。そのあとに「私は義人ではなく罪人を招くために来た」という言葉が記されている。しかし「私は――のために来た」という言い方は、イエスの一生を振り返ってその全体の意味を語るものであるから、イエスの死後弟子たちがイエスの意味を明らかにしようとして言ったことだと考えるほうが自然である。そうすると「私は罪人を招くために来た」という言葉は、イエスの振舞を説明するための理由づけだと考えることができる。ルカは対応する記事（五・三二）で、この言葉を「私は義人ではなく、罪人を悔い改めへと招くために来た」

と変えた。この場合「悔い改め」というのはルカに特徴的な概念で、ルカの神学に属する。

マルコ二・二三―二八には安息日の問題がある。安息日にイエスたちが麦畑を通り、弟子たちが穂を摘んで食べた。するとパリサイ人が、安息日にしてはならぬことをしたと言ってとがめた。他人の畑のものをとったということではなく――この程度のことは罪にはならない――、安息日に「刈入れ」という労働をしたことが問題にされたのである。イエスは旧約の例をひき、ダビデも禁を犯して供え物のパンを食べたではないかと答え、「安息日は人のためにあるので、人が安息日のためにあるのではない。人の子は安息日の主である」と語ったという。

私たちはこの伝承の成立の過程をこう考えることができる。はじめは「安息日は人のため」云々(うんぬん)というきわめて一般的な安息日論を内容とする言葉が、独立して伝承されていた。しかしのちになって、いったいこの言葉が何を意味するのか、具体的に明らかにするために、麦畑のシーンが設定された。(としても、これだけから麦畑のシーンそのものが歴史的事実ではなかった、ということには必ずしもならない)。この操作は、伝承をわかりやすくする釈義にあたる。そしてダビデの例は、どうしてこのようなことがなされ得たかを説明する理由づけなのである。

マタイの対応箇所(一二・一―八)を見ると、この理由づけがよほど展開されている。たとえば、「神殿という特殊な場所は安息日の規定を無効にするが、イエスは神殿より大である。だからイエスは安息日の規定の上にあるのだ」、とされる(五―六節)。つまりここでは、イエスの人となりに関する神学的な把握(キリスト論)が、イエスの行ないを正当化しているのであって、このキリスト論はマタイの神学に属するのである。

こういうわけで、上の例が示すように、イエス伝承には釈義と神学が結びついていったのである。

福音書

いやおそらく最初の福音書記者マルコは、原始教団のキリスト論に対して批判的であったのだ。トロクメの説を展開させた田川建三の学説によると、前にもちょっと触れたように、マルコはイエスをメシアとか神の子というような多少とも伝統的な概念で割り切ることに反対し、そのような操作をほとんど悪鬼の業とみなした。かれはキリスト論というような一般論に抵抗し、そのような一般論に解消されない個々の具体的な事実を重んじたと解することができよう。だからかれは福音書を編んだのである。実際教会史を振り返ってみると、教会的な教義に批判的に反撥して、もっと具体的な生ける事実を、すなわちイエスの言葉や行為を愛し、生きることの拠りどころをここに求めた例は多いのである。生き生きとした個々の事実は、キリスト「論」を媒介にしなくても、直接に私たちに訴えかけるものを持っている。それは決して一般「論」には解消されない具体なのだ。私たちは、福音書記者マルコの心事を了解することができる。

しかし、すでにマルコの集めた伝承そのものが釈義や神学を含んでいた。そして、マルコを利用したルカやマタイは意識的に釈義、神学の操作を遂行したのである。このような努力は、決して単に排撃してすむものではない。イエス伝承それ自身が、上述のように受け取る人の実存と深くかかわるのであるから、実存がイエスの言葉によって自分自身の謎を解明し、自分自身を理解しようとする限り、そしてまた人間のあり方をイエス伝承に托して語ろうとする限り、イエス伝承に解釈と基礎づけとが結合するのはまことに当然のことだからである。

だから福音書というものは、はなはだ厄介な複合体なのである。ここには多くの人の記憶と解釈と神学とが複雑に入り組み合っている。そもそも福音書記者にしてからが、イエスを直接に見た人ではなかったのである。かれらは、すでに教義もかなりの程度に展開した原始教会の一員であり、その信仰の影響を受けながら、それぞれのイエス解釈を提供したのである。だからそれを手がかりにして「イエス」を尋ねよう、「イエス」像を描こうとするのは、たとえてみれば、富士山を一度も見たことのない人が、何枚かの富士山の画を見つめ、そこにおのずと定着した自らの富士のイメージを描き出すようなものなのである。そうしてできた「イエス」像は、もしかしたら、ライオンを見たことのない昔の日本人が、さまざまな画などから想像してでっち上げた「獅子」が、ほんもののライオンとは似ても似つかない狆のお化けのようなものだった、というようなことになりかねないし、おそらくあらゆる「イエス」伝には多かれ少なかれ、そのようなことがあるのである。

「イエス」叙述の方法

——どこにピントを合わせるか——

史学

それでも「イエス」を描こうとするなら、どうしたらよいだろうか。いくつかの仕方が可能であり、また必要である。第一に、従来とられてきたような史料批判の道は放棄してはならず、史料の許す限りの客観性にいたるための方法として、重視しなければならない。すなわち、まず第一に、原始教団や福音書記者による釈義・キリスト論を注意深く取り除き、また伝説的な要素をも除去してゆかなくてはならない。歴史と信仰を混同するまいと思ったら、この操作は断固として遂行しなければならない。しかしこのようにしていったとき、どれだけのものが歴史のイエスの姿を伝える史料として残るか、その判断は研究者によってかなり幅があるし、またこのような操作はいわばラッキョウの皮をむいて中身を取り出そうとするようなもので、皮といっしょに実は中身までが捨てられて、つまるところ何もなくなってしまうのかも知れない。しかし、このような操作を進めてゆくとしだいに一人の人間の姿が浮かび上がってくることも事実なのであって、こうしてひとつの線が引ける。しかし、このような操作を極端まで進めてゆくと、史料として使うことのできるものはだんだん減って、ついにはほとんどなくなってしまう。従って、第一の線と並んで、第二の線がなくてはならない。これは史料の使い方のひとつの転換を意味する。つまりいろいろな性格の伝承がある。そこでまず共観福音書を史料として取り上げ、前述のように「キリスト論」と、後述の「奇蹟物語」を取り除く。しかし残りももちろんそのまま事実を伝えているとは言えない。しかし、それらを全体としてつかむことのできる視点を求めたらどうだろう。いろいろな性格は中和され、相殺されて、その背後にある客観的・統一的なものの姿が出てくるのではないだろうか。こうして、イエスの言葉として伝えられるものを全体として統一的に把握できる視点を求める。これが第二の線である。

新約聖書全体の証言　第三の線は、やはり簡単ではないし、またここで詳論することもできないやり方で引ける。つまり、原始教団のひとびとは「復活のキリスト」を知っていた。たとえばパウロは「もはや私が生きているのではない。キリストが私の中に生きているのだ」と語り（ガラテヤ二・二〇）、また教会はキリストのからだであると言った（Ⅰコリント一二）。「復活のキリスト」がそもそも何を意味するかは別個に論じなくてはならない大問題であるけれども、ここではとりあえず、実存を実存たらしめる最も奥深い規定、すなわち実存の根底を、イエスの弟子たちが「復活のキリスト」と称したのだ、というにとどめておこう（本書Ⅳ参照）。イエスの弟子たちは、イエスの死後、突然眼が開けてイエスを理解し、イエスが生きたように生きることをはじめ、そしてまたそれを自覚したのである。それまで不可解であったイエスの言動が突然透明となり、理解・納得され、イエスの生き方は今やかれら自身の生き方となった。かれらはイエスのような宗教的実存となった。

ところがこういう場合、当時の人々はどう考えただろうか。マルコ六・一四には、洗礼者ヨハネが処刑されたあと、イエスが洗礼者のような業をはじめたという話が伝わると、ある人々は洗礼者が復活したのだと言ったことを記している。すなはち、洗礼者が復活してその力がイエスに働いているから、イエスには洗礼者のような業ができるのだ、と考えた。

とすれば、イエスの死後、弟子たちがイエスのように生き・語り・振舞いはじめた時、イエスが復活してその力がかれらの中に働いたのだと考えたのになんの不思議もない。それは当時としては自然な考え方であったし、イエスの生き方と弟子たちの生き方の同一性の自覚が、復活信仰成立の根拠だということは、われわれにも理解できることではないだろうか。そしてこう考えるのが、新約聖書の復活論を最もよく説明するのである。

もしこの推定が正しいとするならば、新約聖書が「キリストにある」生として語っている人間の生き方は、全体としてイエスの生き方を伝えている、ということになる。これはもちろん、新約聖書の個々の言葉や思想が、歴史のイエスの言動そのものであるというのではない。そうではなく、イエスをあのように生かした、人間存在の奥深い規定を、新約の記者たち(パウロやヨハネのような人々)も知っていたということ、そういう意味で新約聖書が全体として語る人間のあり方は、人間のあり方としてみる限り、イエスのあり方を伝えている、ということなのである。実際、師の生き方が弟子たちに伝えられているというのは、それ自身としてきわめてありうることなのである。

もしそうだとすれば、目を福音書だけでなく、むしろ新約聖書の全体に注ぎ、新約聖書が全体として語り証示している人間のあり方を求めるなら、そこに第三の線が引けることになる。そして前述した第一、第二の線と、今述べた第三の線とがうまく接触し合う一点があるなら、そこに焦点を定め、そこから福音書を見直したらよい。そうすればそこには、新約聖書が、これこそ語るに値するとして伝えた、イエス像が浮かび上がる。イエス像というより、実は、イエス像に托した人間のあり方の根本的な規定そのものと言ったほうがよい。福音書は、ヨハネ福音書をも含めて、イエス伝承に托してこの規定そのものを描き出そうとしたのだ。そして新約聖書は、きわめて大雑把（おおざっぱ）に割り切って言うならば、一方では人間の規定そのものを「キリスト」として描き（パウロ書簡など）、他方ではその規定を典型的に生きた一人の人間の、一般論に解消できない具体的な事実を、その規定のいわば例証として、語っているのである（福音書）。

解釈者

それになお、第四の線が加わる。この線は決して閑却されてはならず、むしろ第四の契機として自覚されなくてはならない。すなわちイエス像を描く人そのものの問題、つまり主観（主体）性の側面のことである。第一、第二の線と第三の線が交叉したとしても、それが「イエス伝」の筆者にとってすらどうでもよい閑事ならば、そこにできる「イエス」像は、やはり人生にとって結局のところ無意味な遊びごとということになってしまう。そうでなく、イエスを尋ねる人自身に対して、イエスの言葉が常に新しく語りかけ、その心をゆさぶり、こうしてかれ自身「イエスの言葉」を通して人間のあり方そのものを学ぶことができるなら、かれ自身が「イエスの言葉」に、また新約聖書の証示するところに、同感し同意するなら、ここに第四の線が引かれて第一―第三の線と交叉することになる。「イエス」を書こうとする人には、誰にしても、多少ともこういうことがあるのではないだろうか。だからこそ、そのような人は、自分ひとりの趣味や好みにとどまらない、だれにでも本来かかわるに違いない事柄について、他の人たちといっしょに考えようとして、「イエス」を書くのではないだろうか。いずれにせよ以上のような四本の線の交点がおのずと中心になり、逆にここからして個々のイエス伝承が照明されて、こうして全体としてイエス像ができてくる。それだけにそれには、必ずしも客観的・伝記的に忠実なイエス像とは言えない面がある。しかしそもそも福音書にしてからが、客観的・伝記的なイエス像を伝えてはいない。「イエス」に関する書物はしばしば、結局は著者の理想的人間像を反映しているにすぎないと言われる。史学的な意味では、それは決して望ましくはない。しかし聖書ははじめから史的に正確なイエスの伝記であろうとはしていないのであってみれば、むしろ人間の根底的な規定の歴史的・具体的例証としての「イエス」像を描くというのは、聖書の意図そのものに即しているとも言えるわけなのである。そして本書もこのような意味で「イエス」を描こうと試みるのである。――もちろん、可能な限り歴史的事実を再現することを求めながら。

奇蹟と奇蹟物語

福音書の奇蹟物語

最後にごく概括的に「奇蹟物語」について論じておくことにしよう。福音書の中にたくさんの奇蹟物語があるのは周知の事実である。イエスは処女マリアから生まれ、病人を癒し、悪霊を追放し、死人を甦らせ、水を葡萄酒に変え、わずかの食べ物で大勢を満腹させ、嵐を鎮め、水上を歩き、十字架につけられても復活し、その墓は空であった。これらの話は、四福音書よりも後の時代に書かれたいわゆる経外典がイエスに帰している奇蹟よりは、確かに控え目ではある。しかし常人にはとてもできない奇蹟であるには違いない。

だから福音書が報告している奇蹟は、事実報告されているような形で起こったのかどうかが、よく問題になる。イエスは神様なのだからそのくらいのことはするのが当然だという人々や、奇蹟に驚きの目を見張ってイエスの前にひれ伏す人々が多かった時代、教会の権威が批判をいっさい許さなかった時代が過ぎ、科学的な認識や実験や批判が一般化するにつれて、奇蹟物語の事実性が疑われるようになった。そして奇蹟物語がそのまま史実だと信じているクリスチャンも減ってしまった。

奇蹟などは荒唐無稽な迷信にすぎないとあたまから問題にしない人々はさておき、奇蹟の事実性を疑い、ないし否定しながら、では実は何が起こったのか、どうしてそういう話が語り伝えられるようになったのかを、学問的に追求した人々は、奇蹟物語をどう扱っただろうか。

合理主義的説明

まずいわゆる「合理主義的説明」というものがある。これは実は奇蹟は起こらなかったのだけれども、起こったと信じられたのだと考え、その過程を「合理的に」説明するのである。たとえば、イエスが嵐を鎮めた話（マルコ四・三五―四一など）では、イエスが「鎮まれ」と言ったちょうどそのときに小舟が風の当たらない岬の陰にはいったので、嵐が止んだように見えたのだとか、水の上を歩いた話（マルコ六・四五―五一など）については、実はイエスは岸辺を歩いていたのだけれども、暗いし波が高かったので、水の上を歩いていたように見えたのだ、と説明する。わずかばかりの食べ物で数千人を飽食させた話（マルコ六・三〇―四四など）は、実は、居合わせた人々はみな食べ物を持っていたのだけれども、他の人に分けてやるのがいやなので黙っていた、そうしたらイエスが持ち合わせていた少しのパンと魚を人々に分け与えはじめたので、みな恥かしくなり、互いに分け合って食べ出したので、みな満腹して残りまで出たのだ、とする。イエスの墓が空になった（マルコ一六・一―八など）のは、実は弟子たちがイエスの死体を盗み出して、イエスは復活したと触れ歩いたのだ（マタイ二七・六二―六六参照）とか、イエスは仮死状態で墓に納められ、息を吹き返したのだとか、墓の番人がイエスの死体を移したのだ（ヨハネ二〇・一五参照）とか、アリマタヤのヨセフがいったんイエスを自分の墓所に納めさせたものの、かかわり合いになることを恐れて、夜のうちにそっと別の場所に運び去って黙っていたのだとか、いろいろに説明される、といった具合である。ひどいのになると、イエスが地につばきをし、泥を盲人の目に塗って癒したという話（ヨハネ九・一―七）について、土の中にペニシリンがあったので眼病がなおったのだという。もっとおもしろいのは、イエスは実は宇宙人であった。だから天から地上に来たり奇蹟を行ない、また昇天したのだという。これは超合理的合理主義の見解と言えよう。

このような説明の難点は、第一に、「合理的な」思い違いそのものが、あまり起こりそうもないということである。静かな岬の陰にたまたまはいっても、あたりをみれば嵐が吹き荒れているのは明らかだし、イエスが岸辺を歩いていて水を踏んでいるのだと思われたにしては、イエスは「そばを通り過ぎた」とか舟に乗りこまれたとか記されている（マルコ六・四八、五一）。第二に、ひとつやふたつならそういう思い違いもあったかも知れないが、奇蹟物語全部をこれで説明するのはとても無理だということである。もしこういう思い違いが起こったため奇蹟物語ができたのだとしたら、たいせつなのは偶然の思い違いそのものではなくて、繰り返えしそういう思い違いを起こさせる要因があった、ということなのだ。すなわち、人々はイエスから奇蹟を期待し、奇蹟が起こるのをある意味で当然のこととしていた、という条件がなければ、こういう思い違いは起こらないし、起こっても伝えられはしない。このような合理主義的解釈は、奇蹟物語がイエスを意識的に奇蹟行為者として描き出そうとしているという、物語の意図を見損っているのである。

文献学的研究

次に文献学的な研究があるが、それについてはすでに様式史のところで述べた。すなわち奇蹟物語の様式からしてその「座」と意図を読みとり、ここからして伝承を理解しようとするものである。奇蹟物語は、前述のように、たとえば病気がどんなに重かったか、イエスはどんな手段で病気を癒したか、実際に病気が直ったことがどのように証明されたか、というようなことを報じている。この様式から、奇蹟物語は奇蹟それ自体に関心をもっていることがわかり、ここからして、奇蹟はだんだんと誇張されてゆくだろうということが容易に推定されるし、従って、奇蹟物語の報告は歴史的にあまり信頼しがたいということになるのである。

また奇蹟物語は、なにも聖書の中だけでなく、洋の東西を問わずたくさんあるのであって、病気を癒したとか水上を歩いたとか雨を降らせたとかいう話はいくらでもある。こういう話全部が歴史的に事実であったとは誰も思わないだろうし、またなぜ聖書の話だけは例外的に真実なのか、その根拠もないということになる。

文献学的な研究は奇蹟物語の意図を正確に把握しているし、その限りで合理主義的説明よりもすぐれているが、一体奇蹟物語なるものがそもそもどうしてできるのかということになると十分な説明は与えていない。

ヌミノーゼ心理　奇蹟物語の成立ということに関しては私は以下のように考えるのが一番よいだろうと思う。ルドルフ＝オットーは一九一七年に「聖なるもの」という本を書き、たいへん評判になった。これは宗教の本質をいわゆるヌーメン的なるものに求めているのである。

ヌーメンとはラテン語で、神意とか威力とかいう意味である。オットーは「ヌーメン的なるもの」を宗教学上の術語として用いた。これは合理性の枠を超えた非合理的・感情的体験を起こさせるもので、たとえば気高く崇高なもののように、なぜかはわからないけれど犯しがたく近寄りがたく、畏怖の念で人を満たし、それでいてひきつけずにはおかないような、不可思議なもの、見慣れた俗界の事物とはまったく違う聖なるもの、なのである。オットーはこのようなものの体験を宗教的体験の本質とみなした。

このような体験で宗教全体、あるいは聖書の宗教全体を理解し説明するのは無理である。しかし、思うに、ヌーメン的なるものの体験は、聖者伝説・奇蹟物語の成立を説明する。すなわちある種の宗教心理と、その思考とを説明するのである。しかしそのためにはわれわれはオットーの理論から出発してこれを多少展開させなくてはならない。

ヌーメン体験は確かに存在する。(正確に言うと、現代では以前ほどではない。その理由はあとで述べる)。さてヌーメンは必ず「異」者である。日常見慣れたもの、始終接しているもの、手垢や脂汗にまみれた身近なもの、ではない。反対に、このような「俗っぽい」世界のいわば外から侵入してきたような、日常見慣れない・接しつけていない異常なもの、異者なのである。

「異人」はかつてそういう存在であった。わが国の人がはじめて「異人」に接したとき、どう感じたかをみてみると、はなはだおもしろい。異様な服装をした異相の人々、言葉も通ぜず、振舞いも異なり、妙な見慣れぬものを持ち、変なものを食べる。こういう異人は、一口で言うと超自然的な異能を持つと信じられた。異人は、不思議な宝物の所在を知り、魔術を使い、大雪を降り止ませたり、風濤を鎮めたり、水上を走り回ったりする。あるいは異人や、異人が持ちこんだものは穢れていて、忌まわしい災害をもたらすとも信じられた。異人の通ったあとは悪疫が流行り、草木も生えない、という具合である。しかし元来「異」人といえども実はやはりただの人である。いろいろつきあっているうちにそのことがわかってくると、「異」人は「外」人となり、超自然的な異能を持つという信仰も消滅する。（岡田章雄「キリシタン・バテレン」、一九五五、参照）

あるいは「異」性でもよい。異性を「異」性として意識し始めた若い男性にとって、美しい女性はヌーメン的存在なのである。清らかで気高く、犯しがたい。不可解で秘密めいている。惹きつけられるけれども、恐れと恥かしさのため、また不用意に近づくと清いものを汚すような気がして、近寄れない。

こういう場合、いわゆる「結晶作用」が起こり、このような恋は――初恋はヌーメン感情を伴う――対象をほとんど女神同様に思いなし、祭り上げてしまう。彼女は幸福の泉のように思われてくる。すなわち、異能を持つものと見えてくる。しかしだんだん大人になり、結婚などして、異性をよく知るに及んで、「異」性は「女」性となり、不合理なヌーメン感情も消失する。

一般に異者はヌーメンであり、ヌーメンは異能を持っていると信じられる。人間の知識の範囲がもっと限られていて、見知った狭い世界の外に何があるのかよくわからなかった頃、その世界の外には異能を持った異者が群がっていた。森には精霊が、海には怪物が棲み、人里離れた所には神山霊木があり、地の涯は恐ろしい場所で、地下の地獄には死者の霊がさまよい、天には神々の座があった。

新しいもの、未経験のものは異者である。初物は特別の価値を持ち、元旦は特別に潔い日である。人が誕生したり、成人したり、結婚したり、死んだりするとき、かれは未経験の新しい世界に足を踏み入れる。そこでかれは見知らぬ力に出会い、その支配下にはいる。だからそういうとき、神主とか坊さんとか祭司とかいう特別の人が、未経験の世界に足を踏み入れる人々を潔め祝福して、新しい世界で支配する力から禍いを受けず、かえって幸いを受けるようにと、儀式を執り行なうのである。長途の旅に出たり、家を新築したりする場合も同様である。異者はこうして異能を持っている。しかしこうした場合も、人が知らなかった世界を知り、馴染むにつれて、異者は異者でなくなり、こうして人間の知識と経験の範囲が拡大されるにつれて、精霊も怪物も神々も消え去ったのである。

ヌーメンは知られることによって非ヌーメン化される。悪魔は名まえを知られると力を失い、化け物は朝日が昇ると退散する。こうして実証的科学的な知識の増大は世界を世俗化したのである。

逆にみれば、もともと異能など持っていないものが、異者と感じられたときヌーメンとなって、超自然的な異能を持つと信じられたのだ。「異者は異能を持つ」ということが、聖者にまつわる奇蹟物語を説明する。

しかしもう少し詳しくみてみよう。ヌーメンの中に二つの極が区別される。すなわち、同じヌーメン的な存在でありながら、その中に主として讃嘆・畏敬の念を起こさせるものと、主として恐怖・忌避させるものとがある。同じものが両方の性質を持つことはあっても、性質は区別されるし、またどちらの要素が多いかで、対象自体も区別できる。前者は尋常のレベルを超えて潔いもの、崇高なもの、力に満ち、すぐれて美しいもの、神々、天使、光、といったようなものであり、後者は穢れたもの、醜怪なもの、薄気味悪いもの、悪魔、幽霊、闇、死体、血、といったようなものである。前者を狭い意味でヌーメン、後者をアンティ・ヌーメン（反ヌーメン）と呼ぶことにしよう。そうすると次のような宗教心理上の思考の法則が容易に指摘される。

「ヌーメンは救いと福を、アンティ・ヌーメンは禍害と滅亡とを、もたらす。またヌーメンは不当な仕方で近づき犯すものを、罰する。」

だから人々はなんとかしてアンティ・ヌーメンを排除し、しかるべき仕方でヌーメンを迎えようとする。この際ヌーメンに対しては儀式や信心や随順の念が要求される。ヌーメンは信心に対して救いをもたらすのである。

他方アンティ・ヌーメンを追放するにはどうしたらよいか。それはアンティ・ヌーメンより強いヌーメンの力を借りるのである。こうして水で汚れを洗い、火で焼き尽くし、あるいは塩をまいて潔める。祈禱やお札で災難を除け、悪霊の侵入を防ぎ、あるいは追放する。これは事実とは必ずしも関係のない、宗教心理的な思考の法則である。従ってはなはだ非現実的な確信になることがある。たとえば、前述したように、ユダヤ国はしばしば宗教戦争を起こし、とうとう自滅してしまったのであるが、ユダヤ人は自らを神の聖なる民としてヌーメン化し、従って異教徒をアンティ・ヌーメン化していた。そうすると、「ヌーメンはアンティ・

ヌーメンを滅ぼす」から、ユダヤ人は必ず異邦人に勝利を得るはずだという確信が生まれる。この確信は実際政治的メシヤの思想の中に見いだされる。だからかれらは必勝の信念に燃えて、二度までもローマに対し戦いをしかけてしまったのだった。このような確信はなにも当時のユダヤ人には限られない。

聖者と聖者伝説

さて、世俗の関心や営みをはるか高く超え出た「聖者」はヌーメン＝パル＝エクセレンス（最高の意味でのヌーメン）とも言うべき存在なのである。だから聖者は超自然的な異能を持ち、人々に福をもたらし、穢れを除く。またかれの仕事は、常人の近づくことのできないヌーメン存在に近づき、神と人との間の仲立ちとなり、人の願いを神に伝え、神の意志を人に告知する、ということにもなるのである（祭司）。さて病気はしばしば悪霊の業とされ、従ってアンティ・ヌーメンであるから、聖者は病気を癒すことになる。（宗教的な聖者だけではなく、高貴な身分の人も世俗のレベルをはるかに超えた異者として、病気を癒すとされた。例ははなはだ多い）。逆に高貴な身分の人、たとえば王や支配者が、同時に祭司である例も多い。人間に禍いをもたらす自然現象も悪霊の業である。だから聖者は雨を降らせたり、あるいは降り止ませたり、嵐を鎮めたりする。なかんずく悪霊追放はかれの重要な仕事となるのである。

こうして聖者について奇蹟物語が形成される。このような奇蹟物語は従って聖者伝説と呼んでよい。イエスもこうした聖者であった。というより、かれは人々に常人と隔絶した聖者と感じられた（マルコ一・二

二、二四)。逆にある人々は、イエスをアンティ・ヌーメンと感じた(マルコ三・二一―二三、ヨハネ八・四八)。この人々はイエスを滅ぼそうとしたに違いない。

こうしてイエスをヌーメン化した人々の間に、イエスの奇蹟的行為が語られるようになる。その際合理主義的説明が考えたような思い違いが、奇蹟物語の「核」が、あったのかも知れない。しかし重要なのはただの出来事を奇蹟にまで仕立上げた宗教心理である。

福音書との関連でいちじるしい例をあげると、イエスの墓が空虚だったという話がある(マルコ一六・一―八など)。しかし空虚な墓の話は新約聖書外にもたくさんあるのであって、例外なく生前奇蹟的行為をしたことになっている聖人について語られている。たとえば達磨は毒殺されたが、墓に葬られたあと、ある人が達磨を見かけたというので、墓を開いてみると棺は空であったという。こういう場合、物語の様式として、しばしば聖人が実際に死んだこと、厳重に棺に納められたこと、それでも聖者が墓から抜け出したこと、抜け出した人はまちがいなく棺に納められた人と同一人物であること、が語られる。つまりこの話は聖者が異常な仕方で復活したことを語るのであり、復活した聖者は多くの場合聖地へと赴く。

このような伝説がどうして生じたかは明らかである。つまり聖者は異常な能力を持ち、不滅であるという信仰がある。このような信仰が空虚な墓の伝説を作り出したのであって、このような物語の史実性を論証しようとするのは、あまり意味のないことであろう。

もともとヌーメン心理が奇蹟物語を生むのである。イエスの場合にも、奇蹟物語の大部分はこうしてできたのだと思われる。なるほど心因性の疾患は心理的ストレスが除去されれば直るのだから、実際イエスに出会った人で病気が直った場合があるかも知れない。しかしすべての奇蹟物語をこれで説明することはできないであろう。だから以下本書では、これ以上奇蹟は問題にせず、もっぱらイエスの思想を中心に考えてみたいのである。すなわち、イエスの生涯については、そもそも福音書が伝記的関心を持っていないし、誕生や受洗・試誘、死・復活に関しては伝説が多いので、史学的な意味でイエスの生涯について語ることはほとんどできないのである。それに対して、イエスの言葉については、前述のような仕方で、なお多くを論ずることができる。

Ⅲ　イエスの生涯と思想

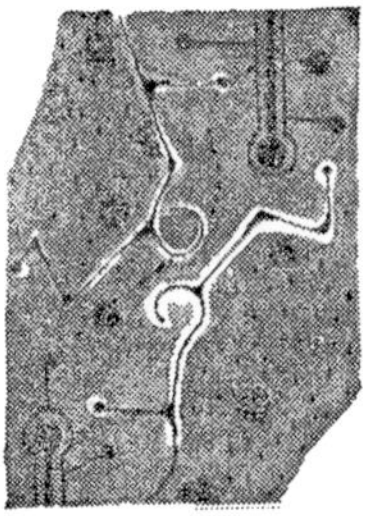

A　イエスの生い立ち

イエスの誕生

イエスの誕生の年を西暦元年としたのだから、イエスの誕生は西暦元年に決まっていると考えられるけれども、キリスト紀元元年を定めた六世紀の教会に計算違いがあったようである。

マタイ福音書（二・一など）によると、イエスの誕生はヘロデ大王の治世で、これは前三七年から前四年までである。マタイの記事によると、伝説的なところが多いにしても、イエスの生誕後まもなくヘロデが死んだらしい。

ルカ二・一以下によると、皇帝アウグストゥス（前二七―後一四）が、全世界の人口調査を命じたが、これはキリニウスがシリアの総督であった時で、ひとびとはみな登録するために自分の町へ帰ったと言う。ヨセフはダビデの家系であったので、マリアを伴って住んでいたガリラヤの町ナザレからダビデの町、ユダヤのベツレヘムへ赴いた。そのときマリアがイエスを生んだという。

人口調査といっても国勢調査ではなく、納税台帳作製のための不動産申告なのである。これは地中海東部、シリア・パレスチナ地方の「人口調査」であって、ローマ帝国全体に対していっせいに行なわれたのではない。またキリニウスは前一二年から後一六年まで東方で要職にあり、税額査定事業を遂行したらしい。

イエスがダビデ王の子孫で、ベツレヘムで生まれたというのは、メシアはダビデの家系から出、ベツレヘムに生まれるという預言（マタイ二・五—六参照）から逆に作られた話かも知れない。というのはイエスは誕生物語のほかでは一貫してナザレ（ガリラヤの町）のイエスと言われているからである。

ベツレヘム　(エルサレム近郊)

マタイ二・二にイエスが生まれたとき現われたという星の話がある。これはケプラーの計算以来、紀元前七年に魚座で木星と土星の大接近が起こったことから出た話だろうといわれる。バビロンの占星術などによると、木星は世界の支配者を表わし、土星はしばしばパレスチナの象徴であり、魚座は終末を意味する星座だったので、魚座で木星と土星の接近が起こったとき、当時の人たちがここから、パレスチナに終末時の支配者が現われたと考えたのはありうることである。

もっともローマでは別の解釈が可能で、木星は皇帝アウグストゥス、土星は黄金時代の象徴で、金星はアウグストゥスの血統であるユリウス王家の星ということになっていたので、前七年の春に木星と金星の接近が起こり、秋には木星と土星が交会したというのは、ユリウス家のアウグストゥスが世界の支配者であり、黄金時代をもたらすものだと解釈され得たし、事実その解釈の形跡もあるわけである。

もしローマでこう考えられたとすると、マタイ二・九の記事の意味も明らかになるだろう。ここには、キリスト誕生の星が東方の博士たちを導いて、幼児イエスのいる所までゆき、その上でとどまったという。原始キリスト教徒たちはこういう話で、誕生の星はアウグストゥスなどにかかわるものではない、ほかならぬイエスこそメシア＝キリストなのだ、という主張をしたのであろう。結局以上のことから考えてみると、イエスの誕生は紀元前七年〜四年の間とするのがよいように思われる。

ナザレの町

イエスの誕生は伝説におおわれている。イエスの母マリアは、ヨセフと婚約してまだ結婚していないときに、聖霊によって受胎したという（マタイ第一章、ルカ第一章）。当時地中海沿岸の世界では、英雄や哲人が神と人の子だと考えられることがよくあったのである。またイザヤ書七・一四の言葉、「みよ、おとめ（原語では処女ではなく若い女の意味。七十人訳はこれをパルテノスというギリシア語に訳し、これは処女をも意味する。）がみごもって男の子を産む、その名はインマヌエル（神われらとともに在す）ととなえられる」という言葉が、処女受胎の伝説成長を助けたのであろう。だからこの話は文字どおりの意味で受け取る必要はない。イエスこそメシア＝キリストであるという信仰が、つまりイエスはキリストとしてその存在の根拠を神に持っているということが、この伝説で言い表わされているのであろう。

タボル山（ガリラヤ 562 メートル）

イエスの家族・ガリラヤ　イエスの父ヨセフは大工であった。大工といっても、建築専門ではなく、木工一般を手がけていた。そして当時律法学者はよく職人の家から出ていたから、イエスが律法問題について発言するようになったのは別段不思議ではない。ヨセフはイエスの公生涯の期間には一度も言及されないので、このときは亡くなっていたものと思われる。イエスの母マリアはカトリック教会では熱烈・敬虔な崇拝の対象になっているが、史学的に確かなことはほとんど知られていない。イエスの死後、原始教団に加わっていたようである（使徒行伝一・一四）。イエスにはヤコブ、ヨセ、ユダ、シモンという弟と、何人かの妹がいた（マルコ六・三）。

イエスはガリラヤのナザレに育った。首都エルサレムがあるユダヤの北がサマリア、サマリアの北がガリラヤである。ガリラヤはサマリアと違い、一応正統的ユダヤ教徒の地域ではあった。しかし「異邦人のガリラヤ」という言葉

カペルナウム（ガラリヤ湖北岸）の会堂跡

が、伝統的ユダヤ教の中心地エルサレムとの違いを示している。ヘレニズム化とともにガリラヤにはギリシア人の植民市も作られた。

　ガリラヤは中央に対する辺境、都会に対する田舎である。イエスがこういう所で育ったというのは興味深い。一般にほんとうに新しいものは、伝統的文化の中心地からは現われず、また文化果つる所からも出てこない。伝統的文化にはぐくまれはするが、しかし、その拘束が強すぎもしない所、ガリラヤはちょうどこういう場所であったろう。ギリシア文化との接触も興味あるところであるが、イエスの思想は、ギリシア文化の直接の影響は示していない。またそれほど高度なギリシア文化がイエスの手近にあったとも思われない。

　イエスの時代、教育制度は整っていたわけではないが、欠除していたのでもない。教育は、家庭で父が与える基礎的な知識と、ユダヤ教の会堂付属の学校が授ける聖書と律法の勉強が主たるものだった。学校には男の子だけがいった。イエスもこのような教育を受けたことであろう。イエスはよく「ラビ」と呼ばれてい

ナザレへの道

る。これは今でいえば先生とか博士とかにあたる。イエスの時代、律法教師を養成する制度は確立してはいなかったし、イエスを教授や博士というふうに考えることは当たらないだろうけれども、イエスを無学な大工と考えるのもまちがいであろう。イエスは律法の精神を正確に把握しているのである。

少年時代のことは不明と言うよりほかはない。またイエスがいつ・どのようにしてその思想を確立していったのかも全くわからない。さてティベリウス帝の第一五年（紀元二八年）、洗礼者ヨハネが現われて、神の国が近いことを告知し、悔い改めの洗礼を施した。イエスがヨハネから受洗したことは確かである。ヨハネが投獄されたのち、イエスは活動を開始した。われわれはただちにイエスの思想を検討してみよう。

B　イエスの思想

愛

よきサマリア人のたとえ話　ルカによる福音書に次のような話がある（一〇・二五―三七。マタイ二二・三五―四〇、マルコ一二・二八―三一参照）。

「するとある律法学者が現われ、イエスを試みて言った。『先生、何をしたら永遠の生命が受けられるでしょう』（筆者注。マタイ二二・三六、マルコ一二・二八では、「律法のうち最も大切な誡めは何か」という問いになっている。おそらくこちらのほうがもとの形で、これを永遠の生命への問いに変えたのはルカである）。イエスはかれに言った。『律法にはなんと書いてあるか。君はどう読むか』かれは答えて言った。『あなたの心のありたけをつくし、生命のありたけをつくし、力のありたけをつくし、思いのありたけをつくして、あなたの主なる神を愛しなさい。またあなた自身のようにあなたの隣人を愛しなさい』イエスはかれに言った。『君の答えは正しい。その通り実行しなさい。そうすれば生きる』すると律法学者は自分の問いを正当化しようとして、イエスに言った。『すると私の隣人とは誰のことでしょう』

イエスは答えて言った。『ある（ユダヤ）人がエルサレムからエリコへ下っていった。すると強盗に襲われた。強盗は掠奪し撲り半殺しにして逃げてしまった。偶然ある祭司がその道を下って来たが、その人を見つけたのによけて通り過ぎた。同じようにひとりのレビ人(神殿業務を掌る特別の種族)もその場に来あわせたが、かれを見つけたのによけて通り過ぎてしまった。

しかし(ユダヤ人とひどく仲の悪い)サマリア人が旅の途次この人のところへやって来ると、見てかわいそうに思い、近寄って傷に油と葡萄酒を注いで包帯し、自分のロバに乗せて宿屋に連れていって介抱した。そして翌日、デナリ銀貨をふたつ出して宿の主人に渡し、〈この人を介抱してやって下さい。もし費用がかさんだら私が帰りに払います〉と言った。

さてこの三人のうち、強盗に襲われた人の隣人になったのは誰だと思うか』

律法学者は答えた。『その人に親切をした人です』するとイエスはかれに言った。『君も行って同じようにしなさい』」

これは「善きサマリア人のたとえ」という有名な話である。半殺しのユダヤ人を助けたのが、常日頃ユダヤ人とは犬猿もただならぬ仲のサマリア人だった、という点に話のおもしろさがある。

イエスが「『あなた自身のようにあなたの隣人を愛しなさい』というのは正しい」と言ったとき、律法学者は「隣人とは誰のことですか」と食い下がった。律法学者は隣人の定義を求めたのである。この点はよく考えてみなくてはならない。学者にとっては、眼前の人よりも定義のほうが大切であった。まず定義がなくてはならない。次に定義を媒介にして、愛という隣人へのかかわりが起こるというのである。学者にとっては、私と隣人とのかかわりということは、決して第一の根源的な現実ではない。そうではなくて、何か——

定義のようなことから――二次的に派生することなのである。

イエスの答えは、学者のこの態度を正面から問題にしている。イエスは隣人とは誰かという問いに対して、決して隣人の定義を与えなかった。そうではなく、「君も行って同じようにしなさい」と言ったのである。いったい、どうしたら同じようにできるのか。書斎で隣人の定義などを考えていたら決して同じようにはできないだろう。

隣人とのかかわり

イエスの語ったたとえ話の根底には、ひとつの痛切な体験、あるいは現実認識がある。それは、あらゆる定義以前に、私と隣人とは、つまり私と今、ここで出会っている人とは、それが何人であろうと、かかわりの中にあるという事実なのである。

今、ここに、私の目の前に、私のとなりに、ひとりの人がいるということを、私たちはどれほど痛切に受け取っているだろう。実際目の前の人が紙片か木や石ほどの現実性さえ持っていないという状態があるのだ。こういうときに人は酔っ払って無免許運転などをやるのである。しかしこういうことはいわば氷山の一角、深い根から生じた悪しき実にすぎない。問題は、となり人のことを「見て見ず、聞いて聞かず」、心の扉を堅く閉じて、かかわりを拒む態度にある。こういう人が「隣人とは誰のことですか」などというそらぞらしいことを口にするのである。かれにははじめから隣人が見えていない。とすれば隣人の定義などしてみたところでなんにもならないであろう。

通常私たちは、自分のことで頭も心もいっぱいになっていて、現実ありのままが見えない状態になっている。また、これも広い意味では「自分のこと」なのだが、自分が抱き奉じている知識や理想や義務や価値観などが、それに反する事実を受けつけず、こうしてやはり私たちの目を曇らせている。

しかし、これら一切のよけいなものが消滅するとき、私たちはひとつの根源的な現実に対して目を開かれるのである。それは私のほかに、私と同じような人がいる！私の目の前にいる！そして私はこの人とかかわりがある！ということなのだ。この認識の中には無限の尊厳と喜びがある。全く馬鹿々々しいほどあたりまえのことなのだが、問題は、この事実をどれだけ痛切に、しみじみと、体得しているかということなのである。このような事実に目を開かれているということは、修養や修業を積んだ結果到達する高い境地とか、道徳性とか、あるいは単に頭だけの思いなしなどというものではなく、逆に、ひとつの単純な根源的な事実の体得的認識にすぎないのである。

私たちははじめから他人とのかかわりの中に置かれているのである。これは、さしあたり、他の人が語りかけるとき私が答えるということ、私の声に人が応ずるということ、また互いに助け合うということに現われる。そして私たちは語りかけ、訴えかけ、それに答え、語り合うということなしには、また助け合うということなしには、決して現実の人間存在ではありえない。その意味で、かかわりの中にあるということは、私は私であって決して他の人ではないが、しかし他の人なしに私は私でありえないということなのである。それは単に他の人の助けなしには私は生きえない、ということではない。もちろんこれも事実であるが、むしろ、問題はその根底にある事実、すなわち私ははじめから他の人とのかかわりの中にある存在であり、どんなにものが豊かにあっても生活に不自由しなくても、ひとり孤立してはいられないということ、ひとりきりでは決して十分な意味で私自身ではあり得ないということである。そしてこのような事実のうえに、互いに語りかけ応答し、助け合うことが起こり、成り立つのだ。さらに、ただかかわりの中にあるというだけではなく、私は、他の人とのかかわりの中においてこそ、真の自分であり、またそのようなあり方が私のあり方として正しいことを自覚するのである。マルティン＝ブーバーは「我と汝」という本の中で、このことを「はじめにかかわりがある」と美しく表現した。

このような自覚は深く宗教的である。というのは、私と同様、すべての人がかかわりの中に置かれているなら、かかわりの中でこそ真実に自己自身であるなら、私たちひとりひとりを超えた規定が私たちひとりひとりの中で働き、そうして私たちを互いにかかわりの中にあらしめているからだ。私のほかにも私と同じような人がいる。私のとなりにいる。もしこのことが痛切に実感され、そして同時に、私と隣人とをかかわりの中に置いている規定が実感されていたら、そしてこの規定に従うことの中に真の自分自身のあり方が認められていたら、「隣人を私自身のように愛する」ことは当然ではないか。クリスチャンは、私たちを超えて私たちの中で働き、私たちをかかわりの中に置いているこの規定に「神の声」を聞く。クリスチャンは別に神様が「雲の上にいるえらいおじいさま」だと思っているわけでもなく、またそういうおじいさまを見たり、声を聞いたりするわけでもない。これは神話的空想というものだ。そうではなく、クリスチャンは、個人を超えてその中に働く規定、人と人とをかかわりの中に置く根源的な規定を認めて、これを「神の意志」と言い、この中に「神の語りかけ」を聞くのである。それは「声」であり「語りかけ」であり「誡め」である――というのは、それは強制や必然ではなく、かえって私たちは真に自由であるとき、すなわち自己の深い規定に根ざしているときに、この「語りかけ」に聴従するからだ。ここでは自由と服従はひとつである。こうして隣人愛は神の誡めであり、また隣人愛が神への愛と結合するのである。ということは、他面からみれば、人はいつもこの誡めを無視し、これに背く可能性を持っていることでもある。

イエスのたとえ話の中の強盗は、もとより「愛」など眼中にない。しかし強盗だけでなく、祭司やレビ人というような、社会的地位も高く特別神に近いとされていた人たちも、半死半生で倒れている人の無言の訴えに耳を塞いだ。言わせてみれば、かれらとていろいろ言い訳を並べることもできたであろう。神に近いはずの祭司が実は神に遠く、神に遠いはずのサマリア人が実は神に近い。これがイエスの皮肉であり判決であった。

さて旅をしていたサマリア人は、もちろん祭司ではないが、神学者や哲学者でもなかったろうから、めんどうな理屈などこねはしなかったであろう。しかしかれは、人間同志は、相手が誰であろうとも、本来かかわりの中に置かれているという事実に目ざめていた。倒れているユダヤ人を見たとき、かれは「ざまあみろ」とか「いい気味だ」とか思わなかったし、「さわらぬ神にたたりなし」などと言って後難を恐れることもしなかった。人間同志をかかわりの中に置く深い規定が、かれの中では妨げられず働いていた。この規定の働きの自覚が、「かわいそうに思った」ということにほかならない。かれは特に「あわれみ深い」という徳を備えていたのではなく、むしろ単純素朴に、あるがままの規定に従ったにすぎないのである。

こうしてかれはユダヤ人を救助した。イエスは律法学者に、「君も同じようにしなさい」と言う。律法学者は「隣人とは誰だ」などと言うまえに、まず隣人を発見しなければならない。自分や律法の知識のほかに現に隣人がいるのだということに目ざめなくてはならない。今、ここで出会っている現実の人が、誰であれ、私とのかかわりの中にあるという事実に気づかなくてはならない。そして、そのようなかかわりの中にある時にこそ自分が真実に自分であることに目ざめなければならない。その時にこそ、かれは隣人愛の誡めを、かれの心の中に聞くであろう。その時にかれは、頭で知っていたにすぎない神の誡めをほんとうに心で理解するだろう。その時はじめて、かれは「隣人とは誰か」などと問うて頭だけの満足を得ようとすることをやめ、あのサマリヤ人のように行なうことができるだろう。

宗教と理性

宗教というと、現代の私たちはとかく荒唐無稽の神話か、現代の科学的知識に反する過去の迷信だと思ってしまう。そう思わせる責任の一半は確かに宗教者の側にあるのだが、しかし現代人が常識的なものの見方にとらわれたり、身の回りのことで頭がいっぱいになっていて、自分が自分であるという一見あたりまえのような事実の底にある深い現実に対して盲目になっていることも見のがしてはならない。宗教思想は、否定することのできない現実に根ざしている。ただその現実が、さまざまな思い煩いにとらえられている目には見えないだけのことなのである。

だから、宗教は本来単純素朴に「あるものをある」と認め、「ないものをない」とする態度を持っているし、またいなくてはならない。その意味で、本当は宗教ほど目ざめた「理性的」な態度はないはずなのである。もちろん、「理性的」という言葉にはいろいろな意味があって、たとえば真理はもともと生まれつき理性の中に与えられているから、真理は理性を内に省みることによって認識されるのだ、という考え方がある。これも「理性的」とか「理性主義的」とか言われる。宗教が理性的であるというのは、こういう意味ではない。そうではなく、むしろ基本的には、単純素朴に、事実存在するものを無視したり、ないものをあると言い張ったりすることなく、あるものをあると率直に認め、ないものをないとすること、その意味での事実に即した思考と行動を営むということである。これはなかなかあたりまえのことではない。宗教の問題は、人間が事実あるものに対して盲目になっている、というような状況であり、また宗教自身が自らが編み出したまゆの中に閉じこもって、かえって盲目になっているという状況なのである。

マルコ七・一五に、「人の外から人の中にはいるもの(食べ物など)で人を汚すものはない。人の中から外へ出るものが人を汚すのだ」というイエスの言葉がある。イエスの当時のユダヤ人は、必ず食事の前に手を洗った。これは衛生上の配慮というより、むしろ汚れを潔めるという意味であった。ところがイエスの弟子たちが手を洗わずに食事をしたので、それをパリサイ人が見つけて、イエスをなじった。そのときイエスは上の言葉で非難に答えたというのである。

前章のヌミノーゼのことを思い出していただきたい。外を歩き回っているうちにさまざまな穢れ（アンティ・ヌーメン）が付着する。だからそのまま食事すると、穢れは食べ物を汚染し（神に祝福された食べ物はヌーメン性をもつ）、従って自分のからだの中を穢す。だから食事の前に水（ヌーメン）で穢れ（アンティ・ヌーメン）を洗い落とさなくてはならない。このような感覚はユダヤ教に限らず古代宗教一般に広く見られるもので、さまざまなわずらわしい不合理な規定を生んだ。近代の科学が正当に克服した第一のものは、おそらくこの種の感覚（ヌミノーゼ感情）であろう。

　このような規定はたとえば旧約聖書のレビ記などに豊富に例がある。これは旧約宗教からユダヤ教へ受け継がれていった。そして近代の科学をまたなくても、すでにイエスの時代に、ヌミノーゼ感情が後退して、しばしばレビ記的な規定の意味が不可解になっていたのである。

　それでもパリサイ人たちはこの規定を厳格に守っていた。それはかれらが、たとえば外を歩き回った人のからだが事実穢れていると知っていたからではなくて、そのような場合には、けがれるということになっていいたからである。ある律法学者の言葉にこういうものがある。「死体が穢れているのではない。水が潔めるのでもない。しかし神様がそう決めたのだ（筆者注。旧約聖書にそう書いてあるということ）。だからわれわれはその規定を変えることはできない」

　しかし洗わぬ手で食事したからといって人格が穢れることはない。穢れないから穢れないのだ。イエスは人がなんと言おうと事実ありのままを認め、それを生活に生かすことができた。イエスの態度を律法学者と比べるとき、宗教は本来理性と矛盾しないばかりか、事実に即した認識を要求もするし、可能にもするものであることが明らかだ。

だからイエスは言う。「君たちは然りは然り、否は否と言え。それ以上は悪魔が言わせるのである」（マタイ五・三七）。然りは然り、否は否であって、然りを否と言い、否を然りと言ってはならない。

人間である以上、誤りは避けえない。しかし然りを然り、否を否とするのは、人間の最も基本的な態度に属する。明白な事実に目をおおい、声に耳をふさぐ、そしてありもしないことをあると言い張る。これは単純な誤りではない「悪魔の業」である。このような業のために、どれだけ正義が歪められ、人が迷い、また苦しむことか。

隣人がいるということ、そして私は隣人とのかかわりの中に立っているということ、このような事実に目ざめるためには、私たちは深い意味で「然りを然り」とすることのできる目と心とを持っていなくてはならない。そのとき人は、その全人格を照らし出す奥深い規定に目ざめるだろう。

「からだの灯は目である。だから君の目が澄んでいれば、君のからだ全体（全人格）が明るい。しかし君の目がよこしまであれば、君のからだ全体は暗い。もし君のうちなる光が隠されたら、その闇はどんなだろう」（マタイ六・二二―二三）。イエスは澄んだ目を持っていた。だからイエスは伝統的権威に目隠しされた当時の律法学者と衝突せざるをえなかったのである。イエスは、聖書になんと書いてあろうとも、聖書に書いてあるからほんとうだというのではなく、事実だから事実なのだと言い切った。だからイエスの教えは旧約やその解釈伝承に直接依存せず、別の根源から発する、「権威ある新しい教え」（マルコ一・二七）と聞こえた。そして、どうしてイエスがそのように振舞えるのかわからない民衆には、イエスは不可解なヌーメン存在に見えたのである。こうしてイエスは一方では当時の宗教家と衝突し、他方では民衆にかつがれ、これがローマ官憲に警戒されて、十字架への道を歩んだのである。

愛　イエスは、通常の目には隠されている人間の奥深い現実に目ざめ、この現実について、然りを然りと言うことができた。人ははじめから隣人とのかかわりの中に立っている。自分は決して他人ではないが、自分は隣人とのかかわりの中においてのみ、真実に自分自身なのである。隣人が現に存在するという事実の痛切な体験的認識がある。それはたとえば隣人が私に語りかけ、私が答えるとき、そして私が語りかけに答えるということの中にこそ、自分の本来の姿が自覚されるときに、明らかになる。このとき、自分を超え、隣人を超え、両者を互いとのかかわりの中に置く規定が自覚される。だから愛は神の誡めであり、隣人愛の誡めは、神への愛（聴従）と結びつく。

他者とのかかわり方には実はいろいろあると言える。しかしさしあたり、このような隣人とのかかわりは、まず愛なのである。隣人は不特定である。しかし愛は、今ここで自分の前にいるひとりの人だけに目を注ぎ、他のことといっさいを忘れてしまって、ひとりの人だけとのかかわりの中にある、そういうかかわり方のことなのである。

迷える羊のたとえ話

ルカ一五・一—七にこう書いてある。「さてイエスの話を聞くために、取税人や罪人たちがみな近寄って来た。するとパリサイ人と学者が文句をつけて言った。『この人は罪人を受け入れていっしょに食事までする』そこでイエスはかれらにたとえ話を語って言った。『羊が百匹いて、その中の一匹がいなくなったとき、君たちのうち誰が九十九匹を荒野に放っておいて、いなくなった一匹を見つけるまで探さないだろうか。そして見つけると喜んで肩にのせ、家へ帰って友人や近所の人たちを呼び集め、〈さあいっしょに喜んでくれ、いなくなった私の羊を見つけたのだから〉、と言うのである。私は君たちに言う。一人の罪人が悔い改めるとき、天には、悔い改めの必要のない九十九人に対するよりも大きな喜びがあるのだ』」

このたとえ話が語られた状況を記す部分(一—三節)は、マタイでは全く別の連関に出てくる(マタイ九・一〇—一一)から、もともとこのたとえ話と結合していたのではなく、このたとえ話にこのような状況を設定したのはルカであると思われる。また「一人の罪人が悔い改めるとき」以下の結びの言葉は、たとえ話の解釈を与えるのだが、やはりルカによると考えられる。というのは、「悔い改める」はルカ的な用語であり、またたとえ話では羊の所有者が羊を探しにゆくのに、結びの部分では罪人が悔い改めて立ち返ることになっている点も違うからである。

だから私たちはルカによる枠(わく)をとって、たとえ話だけに注目してみよう。するとこのたとえ話は本来罪人の「悔い改め」を語っているのではない。むしろこのたとえ話は、まずさしあたり、人がどれだけ迷い出ても神は決して人を見棄てないということ、つまり人を真に人たらしめる規定は、私がどれだけ迷っても常に私のもとにあり、私に語りかけて、私を正しいあり方へと引き戻そうとしていることを告げている（ルカ一五・一一―三二参照）。しかしそれだけではない。「九十九匹を荒野に放っておいて」という言葉に注意すると、このたとえは非常に奇妙なことを言っているのである。いったい、誰が九十九匹の羊を荒野に放り出し泥棒や野獣の危険にさらして、たった一匹のいなくなった羊を探し求めるような愚かしいことをするだろう。一匹を見殺しにしても九十九匹を守るほうがあたりまえではないか。

だからこのたとえ話は愛の逆説を語っている。愛はその相手であるたったひとりの人に全関心を集中し、その他のことはいっさい忘れてしまう、そういう瞬間があることを知っている。愛にとっては一匹のほうが九十九匹よりたいせつなのである。九十九匹を放り出していなくなった一匹を探し求める、これが愛の姿なのである。

エロースとアガペー　愛はこのように集中的である。しかし決して閉鎖的・固定的なのではない。その相手を常に特定のひとりだけに固定してしまうのではない。

よく愛にはエロースとアガペーがあって、前者の代表は恋愛であり、後者がキリスト教的な愛であるというふうにいわれる。このような区別自身は正当であろう。しかしエロースは価値あるものへの愛、つまり下から上への愛であり、アガペーは価値なきものへの、上から下への愛である、というふうに考えるのは問題である。このような言い方では、アガペーは愛する価値がないものを愛してやるのだ、というふうに誤解されやすい。アガペーとは、人間同志は本来かかわりの中にあるという事実に即した対人行動のことであって、従って相手の「価値」とは無関係なのであり、だから「ほんとは愛など成り立たないのだけれども愛してやるのだ」ということでは決してないのである。これではまるで、自分が愛してやることによって、隣人とのかかわりが立てられるように聞こえる。事実は反対であって、先に隣人とのかかわりがあり、その上に愛が成り立つのである。だから、このようなかかわりの事実の自覚として、アガペーが「好き」（エロース）という感情を伴うのはむしろ当然というべきであろう。だから本来好きだから愛するのではなく、愛しているから好きなのだ、と言えるのである。実際、どんな人にも好意を持つ人があるので、そういう人は相手の長所・都合よさを「好き」、それゆえに「愛」するのではなくて、逆なのである。どんな人をも愛しているから、どんな人でも好きになれるのである。

　愛は相手の自由を犯したり束縛したり、相手を自分に従属させたり自分の勝手に扱ったりするものではない。こういうことをしたら、もうお互いのかかわりはなくなってしまい、相手は消えて、一方的な支配になってしまう。愛とは、愛の相手なしには私はあり得ない、ということなのであるが、その場合、相手が自由にその人自身であるとき、かえって私も自由に私自身である、というかかわりなのである。私は私であって私以外の人ではないし、誰にも従属したり支配されたりしてはならない。しかし私が現実にまた真実に私自身であるのは、あらゆる人から孤立して勝手なことをしているときではなく、隣人と愛のかかわりの中にあるときなのだ。愛する人が自由にその人自身であるときに、かえって私は真実に私自身であり、そこに深い満足と喜びがある。愛を求めて得られないことがある。しかし不幸な愛の辛(つら)さが、逆に人間における愛への規定の深さを物語っているのだ。

愛の開放性

私たちは多くの場合このような幸福な愛の関係の中にあり、またこのような関係を知っている。しかし問題は、このような愛の相手が、通常特定の、きわめて限られた少数者に限定されていることなのである。

「右の頰(ほお)を打たれたら左の頰をも向けてやりなさい」とか、「下着を取ろうとする者には上着をもやりなさい」とか、「求める者には与え、借りようとする者には拒むな」とか、さらには例の「敵を愛しなさい」という言葉（マタイ五・三八—四八参照）を聞いて、私たちは呆(あき)れ、憤慨する。そんなひとのよいことをしていたらとても世間の荒浪は渡れるものではないと思う。もっともなことである。

この言葉はモラルではない。克己して自己を強制してはじめて実行される、というものではない。いや、この言葉を文字どおりの意味にだけとるのが既に問題なのである。

これらの言葉の真の意味は次のようなことであろう。こういうことはいついかなる場合にも全く実行不可能だということはない。私たちは、多かれ少なかれ同じような事を、愛する人にはしているのである。愛する人に対しては、くれと言われもしないのに与え、少々ひどい仕打ちを受けても仕返しをするどころか、ひどいことをされたとも思わない。愛する人の間柄ではこうしたことが現に可能なのである。

問題は、通常こういう間柄がごく少数の特定の人だけに限られていることである。しかし、とにかくこうしたことが、特定の少数の人に対して可能であるならば、イエスの言葉の真実の意味はこういうことなのである。すなわち、愛の関係はもともと特定の少数の人だけに限ってはならないということ、今、ここで私と出会うひとりひとりの隣人が誰であっても、私の愛の相手でありうるということなのである。つまり愛は集中的ではあるが、その対象を常に特定の一人だけに限りはしない。なぜかと言えば、繰り返すがそれがモラルとして人間の本性に反してまで要求されているからではなく、逆に今、ここでとなり合っている人が、それが誰であれ、私とのかかわりの中に置かれているのが現実の姿だからだ。それはもちろん、私が会う人ごとに誰かれかまわずなれなれしくするということではない。そうではなく、誰でも必要に応じてあのサマリア人のように行動することができるし、しなくてはならないということなのである。その根底には、かかわりという現実があるのである。この現実を知らず、隣人を発見しないままで、ただ自分の感情を抑制して敵を愛しようとしても、それははじめから無理というものである。そして隣人を発見した人は、「右の頰を打たれたら……」という言葉の表面的な意味にとらわれることもないだろう。

エロースからの自由　好き合い愛し合うのはよいこと・幸福なことである。しかしその関係が特定の人にだけ固定されて、排他的となり、愛し合う人同志が他の人を顧みなくなるとき（エロース）、このような愛はかえって人間本来のあり方（アガペー）に対して盲目にする。このとき、アガペーはエロースをさばくのである。アガペーがエロースを否定するのは、エロースの方向と相反するからではなく、エロースはその対象を限定し固定して、アガペーに対して盲目にするからだ。キリスト教は結婚を重んずるが、恋愛を至上視しない。「もし人が私のところへ来て、自分の父・母・妻・子・兄弟姉妹、さらにはまた自分の生命をも憎まないなら、私の弟子になることはできない」（ルカ一四・二六）というひどい言葉がある。この場合「人が私のところへ来る」とはどういう意味かよく考える必要がある。それはつまり、現実にイエスの弟子となることではなく――イエスはもう在さない――イエスがその言行によって表わした人間の奥深い現実・規定に目ざめ、それに聴従することにほかならないのだが、それはともかくとして、この言葉は、アガペーがエロースをひとたび全く消滅させなくてはやまないことを示している。排他的・閉鎖的なエロースの中にとどまっていては、アガペーはわからない。この場合「隣人」は見えてこないで単に「よその人、赤の他人」になってしまう。エロースがひとたび消滅したときにかえって特定の人ではなく、今、ここで私のとなりに私と同じような人がいて、それが誰であれ、私とのかかわりの中にある事実が見えてくる。そのとき、かえって「父・母・妻・子・兄弟姉妹」に対する真実の愛の根拠もあらわになり、親しい人への愛が純化され再建されるのである。だからイエスは、他方では「父と母とを敬え」という誡めを重んじ（マルコ七・九―一三）、また離婚を禁ずるのである（マルコ一〇・二―一二）。

ひとたびアガペーによってさばかれ、アガペーの上に建てられたのではないエロースは、対象とのあまりにも強い・直接の結合に終始してしまう。その結果、愛する人以外の人のことをかえりみなくなるばかりでなく、エロースする人は、相手をも束縛し、自分も束縛して自由を失うことになるのである。これは互いに相手が自分の思いどおりになることに幸福と安心を見いだす愛なのである。たとえばおさない・ひたむきな恋愛がそうである。このような恋愛は、しばしば幸福を求めてかえって不幸に陥り、心ならずも互いを傷つけることになる。そしてまた、このような恋愛は深い不安をうちに蔵している。それは、そのような恋愛が、自由と隣人愛という、人の真実の規定に対して盲目になっている事実の、おぼろげな自覚なのである。だから、深い性格の人は、幸福な恋愛の中で、なぜとは知らず不幸なのである。実は、アガペーがエロースをさばき克服して、隣人同志の根源的なかかわりの上にエロースを建て直すとき、不安で拘束的な恋愛は、成熟して安定した、そして他者に対しても開かれた、男女の愛に変わるのである。換言すれば、一般に、アガペーの関係においては、人はその隣人とかかわりの中にあるけれども、決して直接べったりの依存や結合関係にあるのではない。アガペーがエロースをさばくというのは、まさにこのべったりの依存束縛関係をさばくのである。二人はかかわりの中にある。しかしそのかかわりは、同時に両者の直接のかかわりの否定を含んでいなければならない。すなわち、一方が他方を直接自分の意のままにし、また相手の思うままになるという関係の否定を含んでいなくてはならない。でなくては、二人がかかわりにおいて自由を失ったとき、自由を通じてこそ働く規定は、まさに働きようがなくなってしまうのである。人と人とのかかわりというのは、まさに人が自由であるときにのみ存するかかわりのことなのである。人は、真実に自由な人間同志として、かえってかかわりの中にある。これが「隣人」愛ということなのである。

愛の勝利・赦し

人は個人を超えた規定によってかかわりの中に置かれ、そして人はこのかかわりの中でこそ真に自分自身なのである。そしてまた、この規定は強制ではなく、人の自由の中でこそ実現されるものだから、人はこの規定にそむくこともできるのであった。だからこのかかわりを正しく保ち、これを妨げるものを排除することが、基礎的に重要なことになって来る。

「だからもし君が祭壇に供え物をささげるとき、そこで兄弟が何か君に恨みをもっていることを思い出したら、供え物を祭壇の前に置いたまま、行ってまず兄弟と仲直りをし、それから帰ってきて供え物をささげなさい」（マタイ五・二三―二四）

兄弟を愛のかかわりの中に置いたのが神の意志であるなら、兄弟と喧嘩したまま祭壇に供え物をささげても、嘉納されるはずはない。兄弟と仲直りをしてからでなければ、神の前に出ることはできないはずである。もちろん、実際には心ならずも不和になっていることがあり、安易に和解することがかえって問題であるようなこともあるだろう。だからこの言葉は、あらゆるいさかいや不和にもかかわらず、なお厳然として存在する隣人同志のかかわりを語り、そこに神の意志があることを示しているのである。このような根源的なかかわりがあるからこそ、人同志はそれを否定して不和に陥ることもできるのだ。

したがって「赦し」ということが強調されるわけである。

「そのときペテロがイエスの所へ来て尋ねた。『主よ、兄弟が私に対して罪を犯すとき、何度まで赦したらよいでしょう。七回までででしょうか』するとイエスがペテロに言った。『私は君に言うが、七回まででではない、七十七回までだ。（筆者注。元来ここまでが独立した言葉であったと思われる。以下のたとえ話を結合したのはマタイである。また、次のたとえ話の冒頭に出てくる。『天国は……のようだ』という言葉も、注意して扱わなくてはならない。マタイはこの言葉をたとえ話につけるのが好きで、こうするとたとえ話は、マタイの意味での将来的終末の審判のことになってしまう。しかし、たとえ話の内容を読めば、この話はむしろ現在のこと（現在における神の支配のこと）なのである。また結びの句もマタイ的である）。だから天の国は王がしもべたちと決算しようとするのに似ている。決算を始めると、一万タラントの負債のある人が王のところへ連れてこられた。この人は借りを返すことができないので、主人はこの人に、自分自身をも妻をも子をも持ち物をも全部売り払って返すように命じた。そこでこのしもべはひれ伏してしきりに王を拝して言った。『どうかしばらくかんにんして下さい。そうすれば全部お返しいたします。』そのしもべの主人はかわいそうに思って身柄を放免し、借金まで棒引きにしてやった。

さてこのしもべは出てゆくと自分に百デナリを借りているひとりの仲間に出会った。するとこの仲間をつかまえてくびを締め、『さあ貸した金を返せ』と言った。そこでこの仲間はひれ伏してしきりに願って言った。『どうかしばらくかんにんして下さい。そうすればお返しします』ところがしもべは承知せず、仲間を連行して借金を返すまで牢に入れた。

このしもべの仲間たちはこの出来事を見てひどく心を痛め、自分たちの主人の所へ行って一部始終をすっかり話してしまった。そこでは主人はしもべを呼びつけて言った。『悪いやつだ。お前が私に頼んだから、私は負債全部を棒引きしてやったのだ。私がおまえをあわれんだように、おまえも仲間をあわれんでやるべきではなかったか』そして主人は怒って、負債を全部返済するまでしもべを、獄吏に引き渡した。もし君たちが心から兄弟を赦さないと天に在す私の父もこのようにされるであろう」（マタイ一八・二一―三五）

　私たちはしばしば兄弟に対して罪を犯す。そうして兄弟との関係を乱し損う。そういうときには、自分の罪を認め、あやまらなくてはならない。根源的なかかわりの規定そのものが、それを要求するのである。また、兄弟が私に対して罪を犯し、そして自らの非を認めてあやまった場合、私たちは心から赦してやらなくてはならない。それは、なにか、私がその人に「赦しを恵み、施こす」というようなことではない。罪にもかかわらず、関係が現実に乱されたにもかかわらず、根源的なかかわりの規定自身はなお存立しているのであって、「赦す」ということは、この規定自身の要求でもあり、また私がこの規定の存立を認め、その要求に従うことなのである。だから「七回までは我慢する」とは言えないことなのである。もしこう言うと、兄弟とのかかわりを、私の好意や我慢が作り出したかのように聞こえる。そうではなく、好意や我慢はむしろ根源的なかかわりの規定の上に成り立つことなのだ。その規定は私の先にあり、私を超えて存在する。だから七回まではなく、七十七回まで、つまり何度でも、赦さなくてはならないし、また赦すことができるのである。これはなにも相手が自分では悪いとも思っていないのに、こちらから頭を下げろということではない。そうではなく、罪や不和にもかかわらず存立する規定をこころから認めるということ、従って必要に応じてはあの「敵」を愛したサマリヤ人のように振舞いうるということなのである。

もしこのような意味で赦さないなら、赦さない人自身、かかわりへの根源的な規定にそむいていることになる。「神の語りかけ」を無視していることになる。私たち自身が罪を犯しても、「神の語りかけ」は決して私を見棄てることはなく、私たちに私たちの罪を示し、私たちが非を認めて悔いるときには、いつも新しく神とのかかわりの中に生きることを許してくれるのに、こうして神は無限の赦しであるのに、私たちが兄弟を赦さなかったら、まさにそのことによって私たちは神にそむいているのである。そして神の語りかけにそむいているということ自身が、まさに神の赦しを拒否して、赦されていない状態にとどまることにほかならない。

赦しということは、単に善意や好意ではない。善意や好意がかかわりを作り出すのではない。逆である。赦しというのは、隣人とのかかわりという根源的な事実の認識と、その規定への従順ということにほかならないのである。「私は君たちに言う。君たちの敵を愛し、君たちを迫害する者のために祈れ。それは君たちが天に在す君たちの父の子となるためだ。というのは、天の父は太陽を悪い者の上にも、善い者の上にも昇らせ、義しい人の上にも不正な人の上にも、雨を降らせて下さるからだ」（マタイ五・四四―四五）善人にも悪人にも、神は人同志をかかわりの中に置くものとして、働きかけている。それが知られようと知られまいと、働きかけている。この事実に目ざめた者が「神の子」なのである。神の子は隣人を愛し、赦す。それはかれが、現実あるがままの規定に目ざめ、それに聴き従うことなのであって、修養や克己の産物なのではない。

隣人の発見

イエスの言う愛を理解するためには、私たちはまず隣人を発見しなくてはならない。私のほかにも、私と同じような人が、私のとなりにいるのだというあたりまえの事実を、深く・痛切に体験しなくてはならない。そして私は隣人とのかかわりの中にあるのだという事実、かかわりの中でのみ私自身であるという事実を、知らなくてはならない。この根源的なかかわりの上に、互いに語りかけ、応答し、助け合い、愛し合い、赦し合うことが成り立つのである。

このかかわりは、もとより一方的な強制や束縛ではない。そうではなく、愛はこのことを本能的に直覚するのだが、愛する人とのかかわりにおいて、相手が自由に、そして真実にその人自身であるときに、それを通して私もまた自由に、真実に私自身なのである。私は私自身でありながら、それは愛する人がその人自身であることを通じて、そうなのである。

愛は集中的である。これは人と人との根源的なかかわり方のひとつの相である。しかし、愛は閉鎖的・排外的であってはならない。それは私と、それが誰であろうと今、ここで私のとなりにいる隣人との、根源的なかかわりの要求である。このかかわりに人の深い規定を見、この規定に「神の語りかけ」を聴く人は、そしてこの規定はいかにおおわれまた損なわれても、決して存立をやめることはないことを知る人は、イエスが神と人への愛を説いて、一方では敵を愛せと言い、他方では父母・妻子・兄弟を憎めと語った矛盾を、決して単なる暴言とはとらないだろう。そしてこの矛盾の中にこそ、人間の根底的な現実が意味深く語り明かされていることを認めるであろう。

人　生

個人としての自　己　人と人との根源的なかかわりには諸相がある。愛のかかわりは、今、ここで私の目の前にいるひとりの人に関心を集中し、他のことをいっさい忘れてしまうことができるような、かかわり方であった。

しかし人と人とのかかわり方、また人と物とのかかわり方には別の相がある。それはかかわりにおいて自分に重点をかけ、自分の存在に全重心を置くようなかかわり方、つまり個人としての自分のあり方である。このようなかかわり方、あり方を一概にエゴイズムだと言ってかたづけることはできない。これは誰も否定することのできない、人間のあり方のひとつなのである。人は自分で自分の面倒をみなければならない限り、すなわち自立して生きなくてはならない限り、このようなあり方をとらないわけにはいかない。

配慮の生

人は自分の生のために配慮する。配慮ということは、マルチン＝ハイデッガーが「存在と時間」の中で示したように、人間の基本的なあり方なのである。人は見知らぬ世界の中に投げ出され、自分の生のために配慮するわけであるが、このとき、人は自分の将来を全体にわたって見通しを立て、企画・設計してこのプログラムを実現させようとするのである。この場合人と人とのかかわり方はどうなるか考えてみよう。

配慮の営みにおいては、自分が選び・設定した自分の人生のプログラムが実現の目標となる。たとえば一流校にはいって、大会社に就職して、立派な家庭からきれいなお嬢さんをもらって、３ＤＫのマンションか庭付きのわが家に住んで、カーを買って……というような具合（ぐあい）である。さてこのようなプログラムは自分の人生の目的となるが、これは他方からみれば、目的が鮮明になればなるだけ、他の諸存在が手段に化せられることにほかならない。

第一に、現在の自分自身は、理想の自分自身への途上にある過程、一段階となる。こういう場合、自分の人生の意味は目標に到達したときに成就されるのだから、現在の自分は、それへの過程としての意味しか持たず、つまり相対的な意味しか持たないことになる。

第二に、自分の目標実現のためになる人と、ためにならない人と、どうでもよい人とが分かれてくる。ためになる人には一生懸命尽くしてよく思われておかなくてはならない。ためにならない人はなるべく自分の邪魔にならぬところへ追いやらなくてはならない。どうでもよい人は、どうなってもよいのであって、そういう人とかかわり合うのは、楽しみのためでなければ金と時間の空費というものである。

配慮の営みは、このようにしてあらゆるものを自分の目標を中心とする目的―手段関係の中に編成してしまう。こういうことは、この世界に生きる限り、一人の例外もなく、みながやっていることだ。しかしこういうあり方が自分のひとつのあり方ではなく、あり方のすべてとなるとき、さまざまな問題を起こすのは当然のことである。

現在の自分の意味が相対化されるだけではない。見やすいことだが、隣人との根源的なかかわりなどというものは当然見えなくなってしまう。自分の目的に固執し、自分を守り、目的を実現させようとする人、このような営みがすべてになってしまったような人は、当然隣人を愛することはできない。また「ある」ことをあると認めることができず、自分の都合の悪い事実には目をふさぎ、都合のよいことばかりを、あることないことを主張したがるのである。

それだけではない。ひとみながこのように生きるとき、お互いがお互いを手段として利用しようとするのだから、当然衝突や争いやいがみ合いが起こる。少数の幸運な者が栄冠をいただき、大多数は競争に敗れて憤死しなくてはならない。不慮の事故や災害や病気や死が、人を脅(おびや)かす。配慮の生はいつも不安と不満の中にある。

配慮の生がもたらす不安・不満・不幸は、人が目標に達すれば消滅して、幸福がほほえむかと言えばそうではない。このような不安やいら立ちは、実は、人がその根源的な規定に対して盲目となり、この規定にそむいていることの、当人にすら気づかれないひそやかな反映なのである。根源的な規定が厳存する限り、その規定の無視がもたらす不満やいら立ちは消すべくもない。だから、「人生の目標」の選び方によっては、まさに目的のものを手に入れた瞬間にむなしさがやって来る。名誉も所有も悦楽も、手に入れてみればみな「空（くう）の空である」ということになる（旧約聖書、伝道の書）。人生の意義に対する絶望やニヒルは、そもそも出発点からあった、何かの欠除が、しばらくは隠されていたものの、やがて表面化してきた結果にほかならない。根本に根源的な規定の無視があり、これが異常な欲望や執着を生み、そのはてがニヒルなのである。根源的な規定の無視が生むあるうつろな感じが、その空虚さを埋めるために、異常な欲望や執着を生むのである。だからそれははじめからニヒルを宿しているのである。

自己の発見・自己とのかかわり方

この場合、根源的な規定というのは、自分に中心を置いたあり方として、愛の場合とは少しく違ったふうにとらえられなくてはならない。それは隣人の発見ではなくて、自分自身の発見ということができる。人は配慮の生において、自分の目標が達成されなければ自分の生はむなしいのだと考える。だから配慮するのである。しかしそれは倒錯（とうさく）なのではないだろうか。逆なのではないだろうか。目標を実現するから自分が立つのではなく、自分の才能とか努力とか業績とかには無関係に、まず深い意味で自分自身があるから、だから配慮の生が可能になるのではないか。それなのに配慮の生は、配慮の目標を、配慮の根拠と混同しているのではないか。

実際そうなのである。そのことは、すがりつき、しがみつき追い求めていた目標から、それが達成できなければ自分の生の意味はないというような目標から、手を放してみればわかる。手を放したら、私はニヒルの底に落ちるだろうか。事実はそうではない。そのときにはじめて、私は立つのである。むしろ立てられるのである。それによって自分を立てようとしていたいっさいから手を放したとき、かえって自分が立つのである。自分に死んだとき、真の自己が生きるのだ。そのとき、今まで、これが自分だと思っていた自分がひとたび消え失せて、自分の手で立てたのでない自分、かえって「自分で」ということを可能にする自己が発見され、自覚される。

これは自己の発見と言ってよい。自分の思いや計画や努力や所有や価値の実現や創造やに先だって、かえってこれらを可能にするような自分があることの発見だと言ってよい。配慮の営みに先だって自分がある。配慮の営みの主体（当体）は、大雑把（おおざっぱ）に言えば意識的な自我である。しかしこのような自我が消滅したとき、より深い自己が発見され、確認される。これは否定すべからざる事実である。この発見の自覚の中には無限の自由と喜びと畏（おそ）れがある。

意識的な自我は、より深い自己の上に成り立ち、これとのかかわりの中にあるし、なくてはならない。ここに個人的なあり方の根源的な規定がある。そしてこの規定の中に、クリスチャンはふたたび「神の意志」を見、その「語りかけ」を聴くのだ。だからこのとき、クリスチャンは、自分自身の奥に、それを超えた「神の声」を聴く。ここに現在という瞬間が相対でありながら、絶対の意味を持つゆえんがあるのである。

相対的な現在の自分の、絶対的な意味があるのである。

　意識的な自我は、より深い自己の自覚的な機能、いわば舵取りだと言ってよい。それは船長ではない。しかし配慮の生においては、この意識的な自我が、あたかも自己のすべてであり、主であるかのように振舞うのであって、このようにして意識的な自我が自らの位置を忘れて自己全体を思うがままにしようとするところに、根源的な規定への違背があるのである。しかしこの辺の事情はどうしても一度自分に死んで、新しく甦えってみないと納得はされない。そして人生に関するイエスの言葉は、より深い自己を発見し、その規定を自覚したところから出ているのである。それは、配慮の営みが消滅したところに、より深い自己が見いだされ、より深い自己が配慮の生を自らの上に建て直すところに、個人の根源的なあり方の規定があることを語っている。とすれば、ここにも「かかわりにおける否定」ということがある。自分が自分を直接べったりに肯定するところに、盲目の配慮が成り立つのである。これは自己を突き放し、客観化してみることのできない、はたから見ればなんともやり切れない偏狭さである。これは自分をはなれて自分を見るアルキメデス的な支点が欠けているのだからぜひもない。しかし、自分が一度消滅したところに真の自己が見いだされるなら、意識的な自我は、常に内に否定を含んだものとして立てられる。換言すれば、ここに立てずとも立っている自己から、立てようとあくせくしている自己を客観化してみる余裕が生ずるわけである。このとき自分は自分から自由になるのである。

「だから私は君たちに言う。何を食べようかと生命のために配慮し、何を着ようかとからだのために配慮するのをやめなさい。生命は食べ物にまさり、からだは着物にまさる。(筆者注。だから食べ物や着物よりもっと大切なものがある) からすを見るがいい。からすは播きもせず刈り入れもしないし、納屋も倉もない。しかも神はからすを養って下さる。君たちは鳥にまさることどれだけだろう。

配慮からの自由

君たちのうち誰が配慮して寿命を少しでものばすことができるのか。……野の花を見るがいい。紡ぎも織りもしない。私は言う。全盛期のソロモンでさえこの花のひとつほどにも着飾ってはいなかった。今日野にあって明日炉に投げ込まれる草をさえ、神はこんなに装って下さるなら、信仰の薄いひとびとよ、まして君たちはなおさらのことだ。

だから君たちは何を食べようか、何を飲もうかと求め歩いたり、心配したりすることをやめなさい。こういうものはすべてこの世の異教徒がほしがるものである。君たちの父は、君たちにこれらのものが必要であることを知っておられる。むしろ、君たちは神の国 (神の支配) を求めなさい。そうすればこれらのものはつけたして与えられるだろう」(ルカ一二・二二—三一)

理屈をこねればきりがない。アリやリスは食べ物を蓄えるではないか。人間は草にまさるはずなのに、ソロモンすら草ほどに着飾れなかったとはおかしいではないか。配慮をやめたらほんとうに神は私たちを養って下さるのか、など。

しかし基本的な思想は明らかだ。それは、遊んでいても神が養って下さるということではなく、配慮をやめても人はちゃんと立っているということなのである。まともに働きもしないでただ食べ物、着物を神様にねだるというなら、それは配慮をやめることにはならない。だから「生命を自分で確保しようと思うものはこれを失い、失うものはこれを生かす」（ルカ一七・三三。筆者注。同様な言葉は新約中に多いが、この形が一番原形に近いと思われる。ただし、この言葉はそれだけで理解しなくてはならず、ルカの文脈から解してはならない。ほかに同様な言葉がたくさんあり、さまざまな文脈に置かれていることは、この言葉が独立の伝承であることを示す。）と言われるのである。実際、このような言葉を本気で受け取って、生活のためにろくに配慮をせず、ただ毎日の義務を忠実に果たしているクリスチャンがいるのだが、こういう人に、「必要なものはみな神様が与えて下さると言っても、もし下さらなかったらどうする」と尋ねてみると、「神様は最善をなしたもうのだから、餓死するならそれでいいのだ」と答えるのである。

真の自己のために

配慮をやめることは、これこそ自分の人生の意味だとしがみついているものから手を放し、ひとたび自分を失うことである。なぜひとたび自分に死ぬことが必要かというと、衣食住への配慮よりもっと大切なものがあり、配慮はそれに対して盲目にするからである。いったいほんとうは何のために配慮するのか、配慮に意味を与える自分自身を見てもいないままに、配慮が自己を作り出すように錯覚しているからである。だから錯覚の自己を失ったとき、人はかえって自己を得る。これは実際にやってみれば、決してそうでないことがわかる。そうでないどころか、最も基礎的な事実なのだ。それは自分で作り出した自己ではなく、かえって自分のあらゆる営みを可能にする自己なのである。そしてその自己とは「神の国」(神の支配)とのかかわりにおける自己なのである。真の自己が見えないまま、自分で自分を作り出し、保とうとするのは倒錯なのである。真の自分を見いだしたとき、事柄の秩序が明らかになる。衣食住や地位や職業はもとより必要である。しかし結局はなんのために必要なのかが見えていない限り、衣食住などが自己目的になるという倒錯が起こるのだ。「神の国」が先で、衣食住はあとである。あるいはこう言い換えてもよい。人間があくまでこの世の中に生きる人間として——だから衣食住を必要とする人間として——、真実にかれ自身としてその規定のままに生きるとき、かれをかれ自身として生かす神の「栄光」が、かれの生を通してあらわれる。衣食住の生活は、「神の栄光」があらわれる媒介なのである。媒介は手段ではない。衣食住の生活はそれ自身の独自の意味を持っている。しかしそこにはおのずと秩序がある。衣食住とそのための配慮が人間を立てるのではなく、人を人たらしめる奥深い規定が、その働きの媒介として、配慮の生活を要求するのである。

「ある金持ちの畑がよく実った。そこで金持ちは心の中で考えた。『どうしよう、作物をしまっておく場所がないが……こうしよう。倉をこわしてもっと大きいのを建てよう。そして穀物と財産をみなしまいこもう。そして私の生命に向かって言おう。わたしの生命よ、財産がたくさんあって何年も食べられるぞ。安心して食い、飲み、楽しむがいい』

しかし神が言った。『馬鹿者め、今夜お前の生命は取り去られるのだ。お前が備えたものは誰のためになるのだ』　自分のために宝を積んで、神のもとで富んでいない者はこういうことになる」（ルカ一二・一七―二〇）

配慮しないことがそれ自身でよいのではない。衣食住の生より大切なものがあるのだ。

「人は神と富とに兼ね仕えることはできない」（ルカ一六・一三）

大切なものとは、神の国とのかかわりにおける自己である。この自己についてこう言われる。

「人が全世界を得たとしても自己を失ったらなんの益があるか」（マルコ八・三六）

また「人はパンだけで生きるのではない。神の口から出るもろもろの言葉による」（マタイ四・五。筆者注。これは旧約の言葉であり、この言葉が置かれている新約聖書の文脈は伝説的である。しかしイエスの精神をあらわしていると言える）

「からだを殺すことはできるが生命を滅ぼすことのできない者を恐れるな。むしろからだをも生命をも地獄で滅ぼすことのできる者を恐れよ」（マタイ一〇・二八）

また

「宝を天に積め」（マタイ六・二〇）つまり神の支配（＝神の国）のもとに自己を確立することが肝要である。

「宝のあるところに心もある」（マタイ六・二一）

だから「地上に宝を積む」こと、つまり地上の宝を自己目的として追求することは、神の国を見失わせるゆえに危険なのである。地上に宝があっても、心がそこになければかまわない。真の自己を見いだした者は、もはや宝に心を奪われることはない、とも言える。しかし実際問題として、宝は神の国を見失わせやすいのである。それは、神と富の二者択一を迫られると明らかになる。次の話で、「永遠の生命」とは、ここで言っている真実の自己のことだと考えてよい。

富の危険　「イエスが旅立とうとしていると、ひとりのひとが駆けてきて、ひざまずいてイエスに尋ねた。『善き師よ、永遠の生命を受けるためには何をしたらよいでしょう』イエスはかれに言った。『なぜ私を善いと言うのか。神おひとりのほかには誰も善いものはいない。誡めは君が知っているとおりだ。〈殺してはならない。姦淫してはならない。盗んではならない。偽証してはならない。奪い取ってはならない。父と母とを敬え〉』その人は言った。『先生、それなら私は若いときからみな守ってきました』イエスはかれを見つめ、かれを好ましく思った。そして言った。『足りないものがひとつある。帰って持ち物をみな売り払って貧しい人たちに施しなさい。そうすれば君は天に宝を積むことになる。それからきて私に従いなさい』するとこの人はこの言葉に顔を曇らせ、悲しみながら立ち去った。大資産家だったからである」（マルコ一〇・一七—二二）

イエスの時代にはユダヤ民族は独立国家をなしていなかったこともあって、律法はその地盤としての民族共同体との関係でみられず、従って律法を守る行為は社会的実践というより、個人の行となる傾向があった。律法を行なった個人が神の前に義とされ、救いに与るというのである（他方律法を守ることによって民族の救いがくるという考えもあった）。だから永遠の生命を受けるためには律法を守れというのは、当時の通念であって特にイエス的な考え方ではない。

しかしながら、人間が共同体の一員である限り、律法を守ることは当然必要になってくる（詳細は後述）。しかし律法を守りさえすればそれでよいかというところに問題があるのである。

イエスに尋ねた人は、個人としての人間の本来のあり方を問うている。そしてかれは、若い時から律法を守っていた。これはもちろん立派なことである。イエスはそれを好ましく思う。しかしそこに秘められているかも知れない倒錯を、イエスは見のがさない。この人は、律法の行の上に真の自分が立てられると考えているのではないか。

人が真実の自己に目ざめ、その根底に働く規定に目ざめ、そして自己が隣人とのかかわりの中に置かれていることに目ざめているならば、すなわち人がかかわりの根源的な規定に目ざめているならば、かれは律法というものは、このかかわりへの規定が現実の世界でとるひとつの形であることを洞察するはずである。

もちろん律法は犯すべからざる重要な意味を持っている。しかし実定法は、人間の奥深い規定がこの世界でとる形、外へ現われた果実なのである。その意味で、まず規定のもとに置かれた人間があり、それから律法がある。先なるものが律法を律法として成り立たせるのであって、逆ではない。決して、実定法としての律法と、それを守る行ないとが根源的な自己を立てたり作ったりするのではない。こう考えるのは倒錯である。

律法は決して勝手に扱ってよいものではないが、人を律法に従わせる拘束力は、どこから発しているのかが見えていないと、まるで律法の行為が「永遠の生命」を作り出すような錯覚に陥る。

それだけではない。イエスに問うた人は、真実の自己に目ざめていないままで、自ら自己を作り上げ築き上げようとし、律法をその手段（媒介ではない）と考えているのではないか。その根底には倒錯した自己への配慮があり、自己が見えないままで自己を立て、そのため配慮しているのではないか。かれは非難の余地のない立派な生活を送り、人もうらやむ資産を持ち、このようなことで自ら立てた自己自身を「永遠に」確保しようとしているのではないか。

まさにこのことが、イエスの要求の前に曝露される。かれは折角永遠の生を求め、そのため律法まですべて守りながら富への執着に目が曇らされて、真実の自己の所在を見失ってしまった。

「そこでイエスはまわりを見回して弟子たちに言う。『金持ちが神の国にはいるのはなんとむずかしいことだろう』弟子たちはこの言葉に驚いてしまった。（筆者注。当時ひとびとは、神は善いことをした人に富を授けるのだと考えていた。また「驚き」はマルコ特愛のモチーフで、ここにイエスの神性の表示があることを示す。以下の言葉は元来独立の伝承をここに付加したとも考えられる）

そこでイエスは重ねて言われた。『子たちよ、神の国へはいるのはなんとむずかしいことだろう。金持ちが神の国にはいるよりも、ラクダが針の穴を通り抜けるほうがやさしい』
弟子たちはますますびっくりして互いに言った。『それではいったい誰が救われることができよう』イエスはかれらを見つめて言う。『人にはできないことだ。しかし神のもとではそうではない。神のもとではすべてが可能なのだ』」（マルコ一〇・二三―二七）
どれほど富を積み、行を積もうとも、そういうことが真の自己を立てるのではない。真の自己は「神のもとに」実在し、本来経済も道徳もこの上にのみ成り立つ。それなのに、人は順序を取り違えて、富の上に人間らしいあり方がはじめて成り立つと考える。そして実際問題として、富はこの倒錯を誘い、「金持ち」は富める自我に執着して、神の国を見失うのである。この倒錯を解決して人を救うのは、「神の側」からの深い規定によるほかはない。「人」にはできないことが、この規定によって可能なのである。

貧者の幸福

だからイエスは「貧しい者は幸いだ。神の国は君たちのものだ」（ルカ六・二〇）と言う。（マタイは「心の貧しい者は幸いだ」〈五・三〉とする。そこでマタイが「心の」という言葉を付加したのか、あるいはルカが元来あったこの言葉を削除したのか、という問題が起こる。もちろんこの付加ないし削除は福音書記者以前の伝承の期間に起こったのかも知れない。ルカは所有を棄てることに重点を置くから、ルカが「心の」という限定を取り去ったのかも知れない。この場合は富の誘いなどないほうが神の国にはいりやすいということになる。また、「心の貧しい者」は幸いだというと、さまざまな知識や想念で心がいっぱいになっていて、イエスの言葉を容れる余地がなかったり、そのような知識や、想念や、善行の記憶や悪行の悔恨などのために自己を見失っている人はわざわいだということになる。自分で自分を立てようとする思いを一切放下して、自己の真実の基点を発見し、そこから出発しようとする人は幸いだということになる。どちらにしても、イエスの思想の別の面を語っていることになると言えよう）

ユダの荒野
（「もし君が神の子なら、命じてこの石をパンにしてみたまえ」　マタイ　4：3　）

神の国にはいることを妨害するものをいろいろ抱え込んでいない人は幸いなのである。だからイエスは意図的に当時の社会の下積みのひとびとと接近した。これはかくれもない事実である。それは律法を知らないというのでまるで人でなしのように思われていたかれらこそが、むしろ神の国を受け容れやすいのだし、またかれらがいかに貧しく無知でありまた権力に遠くても、そういうことには全然無関係に、むしろそのままで、神の国の民として、全き人間として立派に生きることができるという「福音」を告知するためであった。

しかし、そこにはまた特有の危険があった。社会の下層民は、なるほど手放すのが辛いほどのものを持っていない。しかしそれだけに富や権力への願いはいっそう強いのが例である。その願いは正当さをもっている。誰がこの願いを一概に非難し得よう。しかし下層民に近づくイエスは常にスターにされ、かつぎ上げられ、祭り上げられ、下層民の利益を代表して、かれらのために富と権力を奪取すべき希望の星と目される。そして、イエスが与えようとするものが、決して肉体性を眼中におかない抽象的な精神性などというものではないとしても、結局のところ、人間存在の基盤から切り離された富や権力それ自身ではなく、むしろまず第一に「神の国」であることが明瞭になるにつれて、イエスへの歓呼は失望と怒号に変わるだろう。

禁欲主義ではない　富や所有それ自身によって自己を確立することができないとしたら、それらを持たないこと、また棄てることとそのことによっても自己は見いだされない。棄てることが自己を作るのではない。だから、救いへの道としての清貧主義や禁欲主義は、物質的快楽主義と同じ倒錯に陥っていると言わなくてはならない。真実の自己とその基盤が見えていないのに、何を棄て、それによって何を見つけようとするのだろう。

イエスは禁欲主義者ではなかった。かれは「大飯食いの呑み助」と言われた（マタイ一一・一九）。かれは結婚を否定せず（マルコ一〇・二―九。もっとも奨励もしなかった。マタイ一九・一二）、着るものも上等であったらしい（ヨハネ一九・二三―二四。この話はいわゆる預言証明として作られたのかも知れない）。

「ヨハネの弟子たちとパリサイ人は断食していた。そこでひとびとがやってきてイエスに言う。『なぜヨハネとパリサイ人の弟子は断食するのに、あなたの弟子は断食しないのですか』するとイエスはかれらに言った。『新郎の友は、新郎がかれらといっしょにいるうちに断食することができるだろうか』」

（マルコ二・一八―一九）

この言葉は、後にイエスが、花嫁である教会の、新郎と解されたので（エペソ人への手紙、五・三一―三二、ヨハネ黙示録二一・二、九など参照）、さまざまな変容を受けた。しかしもともとの意味はおそらくこういうことであろう。今は神の国が現われようとしている喜びのとき、救いの告知のときである。こういうときにどうして断食をして悲しむことができるだろう。だからイエスは素朴に神の国での飲食を語っている（マルコ一四・二五、マタイ八・一一）。

配慮からの自由と愛・律法

真実の人生の主体である自己を見、個人を超えてその中に働き、その自己を自己として成り立たせる規定、「神の語りかけ」を聴き、これに従うことが第一なのである。自らこれが自己と思いなし、立てようとしていた自我に死に、そこでかえって自己の実存を自覚するときに、同時に自己を成り立たせ、かかわりの中に置く規定が自覚される。そして意識的な自我は、自己の一機能として自覚されるわけである。この場合、配慮の営みにひとたび死んだ自己は、同時に他者とのかかわりの事実を見いだすのである。ここに盲目な欲望を脱却した自己が、人間の他のあり方に対して開かれるゆえんがある。

人間の真のあり方は、自分に死んでよみがえったあり方であり、それは同時に他者とのかかわりにおけるあり方につらなる。だから一方では「生命を……失う者はこれを生かす」（ルカ一七・三三）と言われ、他方では「隣人を愛する者は永遠の生命を得る」（ルカ一〇・二八）という言葉が、直接イエスの口から出たかどうかは疑わしいにしても、出てくるわけである。これは混乱ではない。自分に死んだ者が隣人を愛するのであり、隣人を愛する者は自己に死んでいるのである。両者は区別されるが、つながり合っているのである。

このように、人のかかわり方には、自分に重点を置いた配慮のかかわり方と、隣人に重点を置いた前節の愛のかかわりがある。しかし、人の人とのかかわり方は、それに限られないのであって、そのほかに、社会の一員というかかわり方がある。愛はその対象だけに眼を注ぎ心を奪われる。個人としてのあり方において、人の関心は自分自身にある。そして、それらと並んで、多数の成員からなる社会の一員であるというかかわり方があり、これが律法の成り立つ地盤なのである。次にこのようなかかわりにおける人間のあり方を、イエスがどうとらえたかを見てみよう。

律法

律法は誰のため

「安息日にイエスは麦畑の中を通って行った。すると弟子たちは歩きながら穂を摘みはじめた。そこでパリサイ人がイエスに言った。『なぜ安息日にしてはならないことをするのだ』するとイエスはかれらに言う。『君たちは、ダビデ王とその供のものが食べ物がなくて腹を減らしていたとき、ダビデが何をしたかまだ読んだことがないのか。かれは大祭司アビアタルのとき（筆者注。サムエル記上二一・一―六参照。祭司はアヒメレクである）、神の家にはいって、祭司しか食べてはならない供えのパンを食べ、供のものにも与えた』そしてイエスはかれらに言う。『安息日は人のためであって、人が安息日のためにあるのではない。だから人の子は安息日の主である』（マルコ二・二三―二八）

安息日には働いてはならない。これは最も重大な定めの一つであった。旧約聖書の民数記一五・三二―三六によると、ある人が安息日にたきぎを集めたので、死刑に処せられたという。安息日の掟は、特別に神聖な義務を果たす場合か生命にかかわる場合にしか、破ってはならなかった。前述のように、マカベア戦争の初期には、ユダヤ人は安息日には攻撃されても防衛せず、無抵抗のまま殺されたほどである。

さて上に引用した箇所は、前章で論じたように、はじめは「安息日は人のため云々（うんぬん）」の言葉が独立して伝承されていて、あとで麦畑のシーンとダビデの例が付加されたのであると思われる。ダビデの例を付加したのはマルコかも知れない。というのは、もしそれ以前の伝承の中でこの例が付加されていたとすれば、多くの人の間で語り伝えられている間に、祭司の名をアビアタルとした誤りは気づかれ訂正を受けただろうから。

そこで『安息日は人のためであって、人が安息日のためにあるのではない』という言葉を考えてみよう。イエスは律法の中で安息日の掟だけを例外として取り出し、これだけは人のためだとしているのではない。

だから、この言葉は、『律法は人のためであって、人が律法のためにあるのではない』と言い換えても、イエスの精神を損（そこな）ったことにはならない。

パリサイ人によると、まず律法があるのである。これはモーセを介して神からユダヤ民族に与えられたものであって、決して犯してはならない人生の大前提なのである。だからパリサイ人の間では、律法の中で最も大切な誡めは何かということはしばしば問題になったけれども、なぜ人は律法を守らなければならないのかという批判的な問いは、神様が与えたからだという以外は、問われもせず、また答えられなかった。

まず律法がある、という考え方に対してイエスの言葉は鋭い反撃を与える。イエスの言葉は、律法の妥当性の根拠を問題にしているのである。しかし「律法は人間のためだ」という言葉を浅薄に解してはならない。これは「人間は万物の尺度である」というソフィスト的な発想ではない。また「必要の前に掟はない」ということでもない。確かにダビデの例は、このように聞こえる。しかしこの例はイエスの口から出たものではないであろう。イエスは、前に論じたマルコ一〇・一七―一九が示すように、無律法主義者ではないばかりか、律法を重んじたのである（マルコ一二・二八―三四参照）。

まず律法がある、という考え方が問題なのだ。まず律法が大前提としてあり、その上に人の正しい生活が成り立つかのように、律法がどこから発してどこへ導くのかわからないままで、ただ律法を守ればそれでもう人として十分であるかのように考える、その考え方が問題なのである。

ちょうど配慮によって「人が人であること」が作り出されると考えるのが倒錯であるように、律法の行為によって「人が人である」ゆえんが作り出されると考えるのも倒錯なのである。逆なのだ。律法が人を作るのではなく、人が律法の行為を要求するのである。人が律法を成り立たせるのである。しかしその人とは、どの人なのだろう。

律法の根拠

律法の妥当性を判定することのできる人は、最も根源的には、いかなる律法をも「前提」してはならない。換言すれば、ひとたび具体的な律法とその拘束に対して死んだ人、律法がその人に対してひとたび全く消滅してしまったような人でなければならない。律法が人を人たらしめるものなら、律法が消滅したら人は滅びるはずである。しかし事実はそうではない。それどころか、律法によって自分を立てようとしていた努力が消滅するとき、このようにして律法に対して死ぬときに、人ははじめて、自己を律法によって立てようとしていた倒錯に気づくのだ。そのとき人は自由になる。律法によって立て、作り出そうとしていた自己は、実はその努力以前に実在し、その努力自身がかえって真の自己によって可能となり、立てられているのだ。ここにも痛切な体験が、自覚がある。ひとたび律法に対して死んだ自己にとってこそ——逆説的であるが——「殺すな」、「盗むな」というようないましめが、もはや他律的な、単に外から押しつけられた律法ではなく、内側から肯定されたいましめとなる。そこに自分の中に働き、また自分を超えて他の人間の中にも働きかける、「神の意志」が見られる。律法の言葉の尊厳の中に神の意志の啓示を聞きとるということ、これは旧約以来の根源的な体験に属するのである。そしてなぜこのような体験があるかというなら、それは自己が具体的社会の一員であるという事実の認識・自覚によるのである。自分だけが生きているのではない。また自分と隣人だけが存在しているのでもない。そうではなく、自分が同じような人間から成り立つ社会の一員であるという事実の認識・自覚によるのである。そしてこれはまたさらに、人間はただ個々ばらばらな単独者としてあるのではなく、ひとびとをかかわりの中に置き、ひとびとを社会へと組みなす規定があり、この規定がすべての人を超えて・すべての人の中に働いているのだという認識・自覚なのである。実際そうではないか。生物学的な意味での自分がすでに他者（祖先）の存在を前提し予想しているだけではない。私が言葉を話し、また考えるという事実――このことなしには私は人間ですらない、まして私自身ではない――が、同様に他者の存在（社会）を前提し予想しているのである。人間は社会の中へと置かれているのである。そして人を社会の中へと置く規定の根源性・普遍性が認識されたなら、それはこの社会・あの社会だけを成り立たせるのではなく、この規定はすべての人をかかわりの中に置く規定であることが認められるはずである。従ってそれはまた同時に、ある特定の具体的社会の閉鎖性・排他性・自己中心性を打破し、本来あらゆる人をひとつの共同体へと組み成す規定なのである。

　ひとびとの集まりが、この規定に根拠づけられて、具体的な社会として成り立つとき、それがひとつの秩序あり具体的構造を持った社会であるためには、法や道徳が必要なのであって、決して律法が社会を作り、社会を社会たらしめ、人の義を立てるのではない。このことは、あたかも律法が人間存在の究極的根底であるかのように思いなしていた人が、一度律法と律法的努力から手を放し、律法に死に、そこでかえって律法を根底づける規定が自己の中に、自己を超えて働いているのを認めるとき、すなわち律法が自分をあらしめているのではないことを確認するとき、自己は律法以前に超越的な規定によって立てられているのであることを知るとき、明らかとなる。そして律法は、単に外から与えられた他律ではなく、内なる規定の外に現われた形であることを知る。そのときに人々は、具体的な形としての個々のいましめの妥当性を批判する目も開けるのである。律法を守るということが、社会を秩序ある社会として成り立たせるのに必要であることを知ればこそ、かえって社会を社会として成り立たせるために邪魔になる個々のおきてを批判できるようになるのである。

律法は必要である。また社会を秩序ある社会として成り立たせている律法は守らなくてはならない。しかしかつては意味のあったおきてが、かえって社会の成員の自由や正当な思考や活動を禁圧し、こうして根源的な規定の自由な働きを押えるようになっているとき、それは批判されなくてはならない。こうした一見あたりまえのことが、真に明らかになるのは、人がひとたび具体的な律法に死んで、根源的な規定に目ざめたときなのだ。

だからここにもまた、「かかわりにおける否定」ということがある。ひとつの社会と、その中で妥当している律法や道徳や理念やイデオロギーなど、さまざまなものに対して、直接べったりと依存したり拘束されたりしている状態、あるいは同じことだが、社会の中の特定の人や人たちに直接べったりと拘束され支配されている状態が問題なのである。これはかかわりの中にあるように見えて、そうではない。ここでは自由が成り立たないから、自由な主体を極とする「かかわり」も成り立たないのである。社会のかかわりというものは、その成員が自由に自分自身（個性）であるときに、かえって個性の違いによる分業が生じ、分業によって全体が全体として成り立つようなかかわりなのである。

すなわち、全体と個、また成員と成員同志の間には必ず否定が存在しなくてはならない。そうでなければ、否定を媒介としない直接べったりの結合は、成員の自由を不可能にし、こうして自由な主体を極とするかかわりは成り立たず、従ってかかわりへの根源的な規定も働きようがない。これは盲目の共通意志が強圧的に支配する状態で、律法主義的社会はこのようなものにほかならないのである。

律法主義の倒錯　パリサイ人は、律法こそ人生の意味の究極の根拠、大前提だと思い、人が人である条件だと考えている。かれらは、人間とは、旧約に書き記され伝えられた律法のもとにあり、律法を学び・適用し・行なうべき存在であると考えて疑わなかった。このような場合には、根底が見えていないことのほかに、外に現われた現象としても、さまざまな問題が出てくる。少し現代を考え合わせながら見てみよう。

現代は非常に強い社会的圧力がある一方、同時にアノミア（無律法）への傾向が強い時代である。このような時代には何ものにも拘束されない自己が現われやすいようにみえて、実はそうではない。このような時代は、欲望が自分の主となって、自分が欲望の主となりがたい時代、強い性格が育ちにくい時代だといえる。

それはさておき、それでもなお、強力な社会的理想や規範の拘束のもとに進んで自己を投じ、これらの実現に人生の唯一の意味を見るということは、現代にもあるし、少しあたりを見渡せばこのようなひとびとは容易に目につくのである。

実際、社会的な規範に服するということは、人間の最も基本的なあり方のひとつなのであるが、しかしそこに人生の唯一の意義を認め、あらかじめ与えられた具体的な規範を前提として、これを守り行なうことが唯一の目標となってしまった人はどうなるのか。

律法（社会的規範一般）は自らに矛盾反対するものを禁圧する性質を持つから、特定内容の律法を絶対化して奉じることになると、人の目は曇らされ、ないしは盲目となって、他の可能性の正しさがわからなくなる。こうして思考と行為に関して動脈硬化が起こってくる。それだけではない。まず大切なのは律法なのだから、かれはいつも律法だけを気にしているのであって、目の前にいる人が真実には何であり、何を必要としているのかもわからなくなる。これは二千年前も現在も、変わらない。律法主義は、人を社会正義に対し、また愛に対して、盲目にするのである。

それだけではない。このような人にはひそやかに絶望が忍び込んでくる。なぜといって、律法を尋ねきわめ、それを日常生活に適用し、守り行なおうとしても、それは結局不可能だからである。極端にいえば、パリサイ人の場合、ただ単に旧約聖書を学び尽くし、その解釈伝承に精通するだけでなく、歴史と人生とを細部にいたるまであらかじめ見通すことができなければ、適用の完全は期しがたい（このことは今日の「律法主義」の場合も同様である）。またそのひとつひとつを誤りなく行なうことができるだろうか。

実際パリサイ人は、知らずに犯した罪のために神の赦しを乞い、ことさらに犯した罪をつぐなうために善行を積む、というようなことをしたのである。そこには不安と恐怖がみてとれないだろうか。そして、自分の律法的行為に満足できる人もいたのだが、そういう人が自己の義に依り頼み、これを誇る瞬間、かれの倒錯は完成するのである。自分の義に誇るということが、かれが根源的なかかわりへの規定よりも、「自分の義」を重んじていることを示している。そしてその誇りは、自己の真実の根底そのものへのかかわりに対する絶望でなくてなんであろうか。

律法主義者の誇り

このような誇りは、次のような構造の上に成り立っている。ブルトマンが「イエス」の中で指摘したように、このような人の場合、真に自由な主体的な自己は退場してしまっているのだ。「自分はこういうおきてを守ることの意味がわからない。だからこのおきてを行なうについて、自分は参加することはできない。わたしは引っ込んでいよう」自由で主体的な自己はいわばこういって、退場してしまうのである。だから残るのは行為の形骸（けいがい）だけだ。律法主義者の誇りはこういう形骸の上に成り立っている。これは真実の自己の絶望でなくてなんなのだろうか。しかしブルトマンが、イエスは神に対する人の徹底的・全面的従順を説いたというとき、われわれはこの「従順」ということを、もっと立ち入って考えてみなくてはならない。それは他律ではなく、自由とひとつであるような従順なのである。

律法は人のため

イエスが「律法は人のためにあるのだ」と言うとき、この「人」とは、人を社会的なかかわりの中に置くあの根源的な規定に目ざめた人のこと、その規定とのかかわりの中にある人、すなわち人が行為するとき、その行為が全くかれの主体的自由の行為でありながら、それゆえにこそ根源的な規定そのものの働きであり、現われであるような人のことなのである。あるいは、人のための律法とは、その律法によって、人間の根源的な規定が社会において働き、現われているような場合のことである。ひらたく言えば、「律法が人のためになっている」とは、それが社会の正当な秩序である場合のことである。すなわち、律法を守ることによって、何か現実にあるものを無視したり、正当な要求を禁圧したりしないで、かえって律法が、社会を社会たらしめる根源的な規定の媒介になっているような場合のことである。重点は根源にあり、形としての律法にはない。

このような意味で人が社会的な存在としてあるために、律法は存在するのである。つまり律法は人間の根源的な規定が社会でとる外的な形であって、律法が人間存在の前提であり、根源であるのではないのである。

殺すなかれ

「君たちは、（モーセが）昔の人に『殺してはならない、殺した者は裁判にかけられる』と言ったことを知っている。しかし、私は君たちに言う。兄弟に対して怒る者は誰でも裁判

「山上の垂訓の丘」（マタイ5～7章）とガリラヤ湖

にかけられる。兄弟に馬鹿と言う者は最高法院に渡され、愚か者と言う者は地獄の火にあう」（マタイ五・二一―二二）

モーセは律法を神から受けて民に授けた者として、民族最高の権威者であった。右の箇所は、イエスが自覚的にモーセの上に立ち、従ってイエスの宗教がユダヤ教の枠を超えていることを示すと、しばしば主張される。確かにそうには違いない。しかし右の言葉を単にイエスの「権威」の問題として考えると、中心を見失うおそれがある。イエスだけが他の何人も持たず・持つことを許されもしない権威でもってモーセを超え、新しい律法を制定・発布したのだろうか。だからイエス以外の人は、イエスの言葉に同感しようとするまいと、ただイエスの「権威」に服従しなければならないのだろうか。

また批評的にみると、「怒る者は裁判にかけられる」まではイエスの言葉であるが、「馬鹿と言う者は」以下の言葉は、伝承の過程で「類は類を呼ぶ」の法則に従って付加されたのだ、とも言われる。実際、福音書記者マタイは、しばしばイエスの言葉を法制化して、信徒の実践の規範にしようとしているのである。だから兄弟に対して怒る者は裁判に、馬鹿と言う者は最高法院に、愚か者と言う者は地獄に、という分け方は、それぞれの条件に相応する罰を規定するものであって、それだけ法的性格を持っているのだ、と見ることができる。しかし兄弟を傷つける程度が少なくなるだけ罰が大きくなるようにみえるのはどういうことだろう。このような矛盾は、問題が実定法のレベルではなくてその奥にあることを示しているのではないだろうか。

右の言葉を私たちはほぼ以下のように理解することができるだろう。「殺してはならない」というのは確かに基本的な掟である。しかしこれは生きものの生命を奪うことが一般に悪だと言っているのでもなく、だからシュヴァイツァーのいわゆる「生への畏敬」とも違う。むしろ人と人とのかかわりと、その根拠とが問題なのである。

殺しさえしなければよい。殺しさえしなければ、つまり実定法に触れさえしなければ罪は負わされない、というのではない。律法を大前提と考えると、当然律法に触れさえしなければそれでよい、ということになる。

そうではない。すべての人を超えてすべての人の中で働き、こうしてすべての人をかかわりの中へと置く規定が問題なのである。「殺す」ということは、ひとりの人が社会の一員として人間の根底的な規定を現わすべく置かれているという事実を、全面的に否定することにほかならない。換言すれば、ある人の存在と行為とを媒介にして、「神の栄光」が現われるという事実を、その人について否認することにほかならない。すなわちほかならぬその人を通じて現われようとしている「神の栄光」そのものを否定することにほかならない。

とすれば、兄弟に対して怒ることも同じである。単に、怒りが殺意をうちに秘め、怒りは殺すことによって全うされるからではない。怒りそのものが、兄弟が社会の一員であることを認めず、許さない性格を持つからだ。怒りは、愛の関係を否定するばかりではなく、怒りの対象が自分と同じ社会の一員であることを拒否するからだ。

馬鹿と言い愚かと罵るのも同様である。ただこういう言葉が失礼だというばかりではなく、これはある人が社会の一員として存在する正当な権利と資格とを、拒むのである。その人がどんな人であろうとも、決してその人と「神」とのかかわりは失われてはいない。むしろさまざまな個性を通じてこそ、分業が成り立ち、従って社会が社会として成り立つ、この意味でどんな人であろうとその人として「神の栄光」を現わす必然の媒介であるのに、馬鹿と罵り愚かと軽んずるのは、その人が社会の一員として神の栄光を現わすべき定めと資格とを否定することにほかならない。だから、このように罵る人は、神の意志に違背し盲目となる罪を問われるのである。

姦淫するなかれ　「君たちは、（モーセが）昔の人に、『姦淫してはならない』と言ったことを知っている。しかし私は君たちに言う。欲情をもって女を見る者はすでに心の中で姦淫したのである」（マタイ五・二七―二八）

これもずい分乱暴な言葉である。批評的に考察すれば、神経質に姦淫への誘惑を避けたのはむしろ当時のパリサイ人であった。かれらは姦淫の罪を避けるために、若いうちに妻をめとり、女性と交際せず、道を歩くときは気が散らないようにかぶりものを目深にして、正面だけが見えるようにしたと言う。しかしイエスは平気で遊女と言葉をかわしたたし、イエスにつき従う弟子の群れの中には女性がいたらしい。これは当時の教師の振舞としては異常であった。だからこの言葉はイエスの口から出たのではないかも知れない。

あるいはこうも考えられる。原文は「欲情するために女を見る者は」と書いてある。「欲情するために」とは妙な言い回しである。生理学的次元の欲望は起こっては消えてゆく性質のものである。それに対して、快楽を目的として追求するのは、人間特有のことなのだ。感覚的事実としての快楽はひとつの結果でありすぐ過ぎ去ってゆく。しかし人間は快楽を記憶し予期する。つまり観念化するのである。快楽を記憶し、その条件を認識すると、快楽は知識として保存され、従ってもはや単なる結果ではなく、目的として追求できるようになるのである。「欲情するために女を見る」というのは、このような快楽追求を暗示しているのかも知れない。問題になっているのは、性的快楽を快楽として追求するために女を見る者のことだとも考えられる。

あるいは、「女」という原語は「人妻」をも意味するから、この言葉は「情欲をもって人妻を見る者」（塚本虎二訳）いうことなのかも知れない。しかしこの解釈は技巧的にすぎるようにも思われる。

いずれにせよ、実際の行為として姦淫しなければそれでよい、法に触れなければ罪にはならない、というのではない。イエスは結婚という秩序を否定しなかった。なるほど結婚は人類の始めから終わりにいたるまで一貫して存続する秩序、その意味で絶対的なもの、ではないであろう。しかし人に男と女があり、一人の男性と一人の女性が結ばれて、次代をになう子を生み育てるという秩序は、無意味ではない（マルコ一〇・二—一二参照）。人を社会的存在たらしめる規定が、実際の人間生活の中でとる形（秩序）は、それが秩序ある社会を成り立たせている以上、重んぜられなければならない。

とすれば、結婚生活の外的な形式だけが重要なのではない。それを通して根源的な規定を生かすことが肝要なのである。だから結婚生活を単に欲望を満たす手段に化し、それだけまた、意志的・持続的に女性一般を欲望の手段に化してしまう、すなわち一人の女性とのまったき関係の中に身を置かず、あたりを見回す中途半端な態度、そこに神の意志への違背があるのだ。（マタイ五・二九—三〇の言葉、「もし君を罪に誘うなら、切って捨てよ云々」は、元来独立の伝承である。マタイ一八・八—九、マルコ九・四三—四八、がこれを示す。これは元来神の国から人を引き離す誘いについて言っているのであって、姦淫への誘惑のことではない。この言葉を姦淫との関連に置いたのはマタイである）

誓うなかれ

「また君たちは、（モーセが）昔の人に、『偽りの誓いをしてはならない。誓ったことは主に対して果たさなければならない』と言ったことを知っている。しかし私は君たちに言う。いっさい誓ってはならない」（マタイ五・三三—三四）

このあとに、「天にかけて誓ってはならない。（天は）神の御座であるから云々」の言葉が続く。この言葉は、「誓ってはならない」という一見乱暴な言葉の真意の所在を示している。誓いは、それを果たすということは、大袈裟に言えば、歴史の歩みを予見し、歴史の流れを規制することを意味する。そうでなければ誓いは果たせない。だから誓うということは、自己が根源的な規定の上に立てられるのではなく、逆にこの規定の働きを制御することを意味する。だから、誓い、それを果たすと言い切ることは、秩序の逆転を含んでいるのである。

以上のようなイエスの言葉は、そのような言葉が出てきた根源へと赴き、この根源から理解しなくてはならないのである。もしそうではなくて、イエスの言葉の表面的な意味だけを問題とし、それをひとつのいましめとして守ろうとするなら、これはまさにイエスが排撃した倒錯に陥ることになるだろう。イエスが言ったからというので、以上のような言葉やまた「裁くな」（マタイ七・一）というような言葉を、ひとつの社会的な規範として守ろうとしたら、社会は混乱に陥り、秩序は破壊されてしまうだろう。だから、秩序を、根源的な規定が実際の社会でとる形と理解する人は、その秩序の必然性が洞察される限り、それを尊重し、表面的にはまさにイエスの言葉と矛盾した行動をとることをも恐れないはずである。

「積善」の倒錯

社会の根底をなす規定そのものを、それが実際の社会でとる形と混同し、その順序を逆転することが誤りであるなら、同様に、本来社会的な意味を持つ行為を、自己の義や名誉のためにすりかえてもならない。

律法を人生の大前提と考える立場は、当然のことながら、人は律法を行なうことによって神の前に義とされると考える。この場合、規定以上の善行を積むことができるので、これはいわば神への貸しであり、人に対しては誇りとなる。特に施しや祈りや断食がこのようなものと考えられた。

イエスはこのような態度を否定する。それはマタイ六・一―一八に記されているが、この箇所には明らかにマタイによると思われる用語や思想が含まれているので、それを除去して古い伝承を取り出すと以下のようになる。

「施しをするときは、会堂や街中でラッパを吹き鳴らすな。施しをするなら、右手ですることを左手にも知らせてはならない。

祈るときは会堂や大通りの角に立つな。祈るなら自分の部屋にはいり、扉を閉めて隠れたところに在す君の父なる神に祈れ。

断食するときは、顔をしかめて憂鬱そうにするな。断食するなら髪に油を塗り、顔を洗え」

イエスの時代、下層氏は貧窮していたから、施しは重要な社会的意味を持っていたが、これは宗教的な行でもあった。他方祈りや断食は宗教的な行であるが、その内容をみれば、民族の解放と栄光を望んでいるのであるから、単に個人の宗教的行ではない。だからこれらの行為は社会的に高く評価され、行なう人には栄誉が帰せられたのである。それだけにこれらの行為を、自分の義や栄誉の手段にすりかえる傾向があったのである。

これは明らかに倒錯である。どの時代にも、公の地位や職務を私的な利益追求のための手段に化して、社会の腐敗と不正とを招く輩(やから)が絶えないが、一見敬虔(けいけん)な業でもって実は自分の義や名誉を追求するのも同様な倒錯なのである。

そもそもどこに行によって立てるべき自分自身などというものがあるのだろう。このような自分自身があるという妄想が、過去の善を数え、悪の量と比較し、悪にまさる善を積んで、それを抱えて神の前にも人の前にも立とうという考えを生むのである。

しかし行によって立てるべき自分など存在しない。としたら右手の善行を左手に告げ、それどころかラッパを吹き鳴らして大勢の前にひけらかそう、などという振舞に何の意味があるだろう。行によって立てるべき自己などどこにもないことが知られたとき、すなわちそのような自己の妄想が消滅したとき、積善の根拠もなくなってしまう。とすれば、右手が善を行なっても、それがなんで左手の関知するところだろうか。

「君たちに僕(しもべ)がいて、耕作や牧畜に従事していたとする。僕が畑から帰って来たとき、『さあ、すぐここに来て食事しなさい』という人がどこにあるだろう。むしろこう言うのではないか。『食事するから用意しなさい。それから帯をして、私が食べたり飲んだりするあいだ、給仕しなさい。おまえはそのあとで飲み食いしなさい』僕が命じられたことをしたからと言って、主人は僕に感謝するだろうか。

このように君たちも、命じられたことをすべてしたとき、『私たちは役に立たない僕です。当然のこと

をしたにすぎません』と言え」（ルカ一七・七―一〇）

自己を立てるのは自己の行であるという妄想が自己の業を誇り、本来神に対し、また人に対して行なうべき業を、自己を立てる手段にすりかえるのである。

掟の悪用

律法が大前提だと考えると、これを合法的に悪用することができる。パリサイ人は律法を解釈し適用し、この解釈を弟子たちに伝えたから、厖大な解釈伝承を持っていた。これはまじめで熱心な、尊敬に値する努力であった。しかし他面解釈伝承の枝葉末節に依り頼んで、基本を忘れるということもあったのである。

「君たちは、君たちの伝承を守るために、神の掟をみごとに無視している。モーセは『父母を敬え』また『父あるいは母を罵る者は死刑に処せられる』と言った。しかるに君たちはこう言っている。『人が父か母に対して、〈わたしがあなたに差し上げる分はコルバン（すなわち神への供え物）にします〉と言えば、その人は父また母に何もあげないでよろしい』これは君たちが伝えた伝承によって、神の言葉を無効にすることにほかならない」（マルコ七・九―一三）

律法の精神が大切なのだ。しかし精神といっても、律法に現わされている理念のことではなく、もっと根源的なもの、すべての人を超え、その中に働いている「神の意志」の事実のことである。

悔い改め

積善によって自己を立てることがあり得ないように、罪によって自己が滅ぶこともない。もちろんこれは罪を軽視することではない。旧約の時以来、ユダヤ民族において、罪はあらゆる災害や不幸にまさる悪、このような悪の根源なのであった。確かに罪によって、人同志のかかわりは乱され、自己とその根底とのかかわりも損(そこ)なわれる。その意味で、まことに罪は人格の死なのである。

しかし、善が人を生かすのではなく、かえって根底に生かされた行為であるように、罪が人を殺すのでもない。もとより、人が罪の中にとどまっているうちは、彼は死んでいる。しかし人はもともと「神」によって生かされているのであって、罪といえどもこの事実を消し去ることはできない。それゆえ罪を認め・告白し・悔い改めることによって、根源とのかかわりを回復することができる。というより、罪を認めること自体が、根底の働きであるのだ。罪において人は自己自身ならぬものを自己と妄想し、この妄想において、自分を自分で立てようとする。だから罪がわかり・悔い改めるということは、自分で立てた規準に照らして自分が不完全だというのではなく、そのような規準もそれを立てる自分もともに全く否定され消滅することなのである。従ってそれは罪の中にあった自己の営みの連続を一度切断する不連続、それまでの自己にはまったく予期しなかった転回の出来事なのである。そこで人は、自己の中に、自己を超えたものの働きを自覚し、自己を超えた規定が自己を立てている事実を知るのである。

このことは「放蕩(ほうとう)息子のたとえ」（ルカ一五・一一―三二）に美しく語られている。しかしこのたとえ話は、前述のように、ルカ的な特徴を多く備えていて、どこまでがイエスの口から出たのかさだかではない。

特に「罪人が悔い改めて父のもとに立ちかえる」という方向の強調はルカ的である。厳密にいえば罪人は悔い改めることはできない。そうではなく、「神」のほうが迷える羊を探し求める、というのがイエスの考えである（ルカ一五・四―七）。ここに悔い改めの根拠がある。おそらくこのたとえ話の大筋はもともと、父が生きているうちに財産の分け前をもらって放蕩三昧に生活を送り、とうとう貧窮のどん底に落ち込んだ息子が、自分の非を悟って父の家に帰って来ると、それを見つけて父が飛んで行って迎え入れた、ということなのである。子が帰って来るのと、父が迎えに出るのとが、両方語られているところが意味深いといえるであろう。これは人の悔い改めが、同時に本来「神」の業であることを示している。

ルカは罪人の悔い改めを強調する。しかし赦しそのものは、マルコ（二・五など）にも、マタイ（六・一四など）にも記されているのであって、イエス自身の思想に属すると考えられる。人は自分の善行や罪によって自分を立てたり滅ぼしたりするのではない。そのようなことはもともとできもしない。人を人たらしめるのは人の思いや業を超え、これらに先だつ、根源的な規定である以上、この根源自身の働きによって罪を認め、悔いる人は、ふたたび根源へと立ちかえることができるのである。それは根源的な規定自身が、その働きを阻害するものを審き、滅ぼし、そしてあらわに働くことにほかならない。（結論を先取するなら、イエスはこの根源のことを「神の支配」と言い、またこれを人格化して「人の子」と呼んだ。だから人の子は終末時の審判者、救済者として表象されるのである）

否定の前に肯定があり、恵みが罪に先行してこれに勝つのである。偉大な肯定が、まさに偉大であるがゆえに、人間が自分で定立した、矮小な罪の自己を審き、滅ぼして、人を真の根底の上に立てるのである。「父」が在すことそのことが赦しの根拠なのである。善行が自己を立てるのではなく、罪が自己を殺すのでもなく、悔い改めそのものが赦しをもたらすのでもない。「父なる神」が在すことそれ自体が、子があくまでも子として存在する根拠なのである。

「二人の人が祈るために宮にのぼった。一人はパリサイ人、もう一人は取税人であった。パリサイ人は立って自分に目を注ぎ、こう祈った『神様、私は自分が他のひとびとのように盗み、不正、姦淫を行なわず、ここにいる取税人のようなことはしていないことを感謝しております。私は週に二度も断食し、全収入の一割を（神に）ささげています』

他方取税人は遠く離れて立ち、目を天に向けようともせずに、胸を打って言った。『神様、この罪人を赦して下さい』

私は君たちに言う。神に義人と認められて家に帰ったのは、この人であって前の人ではなかった」（ルカ一八・一〇―一四。マタイ二一・二八―三二参照）

「父は悪人の上にも善人の上にも太陽をのぼらせ、正しい者にも不正なものにも雨を降らせる」（マタイ五・四五）

こうして律法主義が徹底的に批判され非難されるだけ（マタイ二三章参照）、イエスはユダヤの支配層の反発を買うのである。

シオンの丘（右手）とヒンノムの谷

さて、律法問題は社会存在としての人間の問題であり、法は国家の意志である以上、ここで私たちは、イエスが社会や国家について、具体的にはユダヤの民族国家としてのあり方やローマ帝国について何を言ったか知りたくなってくる。実際また、旧約の預言者においては、民族と国家の存立の問題は、かれらの関心の大きな部分を占めていたのである。

イエスと政治

しかしイエスの政治的発言はほとんど見当たらない。なぜだろうか。さしあたりいくつかの理由が考えられる。第一は、当時ユダヤは独立国ではなく、国家としての主権を失っていたという事情である。つまりイエスの言行には国家の地盤が欠けていたのである。しかし、だからこそ当時ユダヤ人は、外国の支配を排除してユダヤ国を再興することを心から願っていたのであり、ユダヤ戦争にいたる烈しい政治運動を続けたのである。イエスはこのような運動とまったく無関係でありえただろうか。

イエスの弟子に熱心党員がいたという注目すべき記事がある（ルカ六・一五、使徒行伝一・一三。マルコ三・一九およびその並行箇所）。イエスを裏切ったユダは、イスカリオテのユダと呼ばれているが、この「イスカリオテ」は「シカリ」（熱心党の刺客）と関係があるのかも知れない。そして何よりも、イエスは十字架の刑に処せられたこと、そしてこの刑はローマに対して反乱を起こした者が処せられる刑罰であった、という事実がある。つまり政治犯が十字架刑に処せられたのである。この辺にはさまざまな事情がからんでいたとしても、イエスが政治的に無色であったとは必ずしも考えられない。

こういうこともあったと考えられる。洗礼者ヨハネやイエスが処刑されたので、原始キリスト教徒は政治権力に対して、特にローマ側に対して神経過敏になっていた。パウロはローマのクリスチャンに秩序に服すべきことを教えた（もちろんこのような発言は、正当な秩序は神の意志によるという認識から出ているのだが）。福音書の記事には、イエスを処刑した罪はもっぱらユダヤ人が負うべきもので、ローマ側には直接の責任はない、という調子が強い。また使徒行伝は、パウロは政治犯ではないと弁護するために書かれたのだ、という説があるほどで、こう考えるのは行き過ぎであろうが、とにかく原始キリスト教徒にはローマに対して決して反乱を意図してはいないことを主張する傾向があった。事実、原始キリスト教徒はユダヤ戦争にも参加していないのである。

だからイエスがローマに対して敵対的な言動をとったとしても、そのような伝承は意識的に忘却されてしまっただろう。このようにして、イエスの政治的発言は伝承されなかったのかも知れない。

しかし、原始キリスト教団のひとびとが政治的行動をとらなかったということ自体、なんらかの仕方でイエスの態度を反映しているとも考えられる。そこで、イエスの終末論（次節）が非政治的で、イエスは、人の行動ではなく神の行為が終末の救済をもたらすのだ、と考えていたとも解せられる。しかしイエスの考え方全体を見れば、手をこまぬいて傍観していれば神の国が現われる、という結論にはならない。

おそらくこういうことであっただろう。政治や経済や法は、人生において不可欠である。イエスは決してこのことを否定してはいない。しかし人生はこれらの上に立てられるものではない。こう考えるのは倒錯である。逆に政治や経済や法は、人間の根源的な規定の上に立てられ、この規定の現われ・働きとして意味づけられるのである。イエスの態度は全体からみれば、イエス自身は人間の根本問題の解決を政治に求めたのではないことは確かである。イエスは、ユダヤがローマから独立しさえすればあらゆる問題が解決するとは考えていなかったであろう。

納税問答

「それからかれらはパリサイ人とヘロデ党の者を数人イエスのところへやった。イエスから失言を引き出すためである。かれらは行ってイエスに言った。『先生、あなたは真実な方で、誰の思惑も気にしないことを、私たちは知っております。あなたは人の顔色をうかがわず、真実をもって神の道を教えていらっしゃいます。ところでローマ皇帝に税金を納めるのはいいことでしょうか悪いことでしょうか。納めたものでしょうかどうでしょうか』

イエスはかれらの偽善を見抜いて言われた。『なぜ私をためすのか。デナリ（銀貨）を持ってきて見せなさい』かれらが持って来るとイエスはかれらに言った。『この肖像と刻印は誰のものか』かれらはイエスに言う。『皇帝のです』するとイエスはかれらに言った。『皇帝のものは皇帝に、神のものは神に返せ』かれらはイエスに驚いてしまった」（マルコ一二・一三―一七）

ローマに税金を納めよと言ったらイエスは国賊、売国奴だということになる。納めるなと言ったら、ローマに対する反乱罪に問われる。これはまことに危険な罠（わな）であった。

イエスは現存する秩序を一応肯定するようにみえる。しかし重点は「神のものは神へ」にある。神のものは神に返すこと、すなわち人間の根源的規定に従い、これを現わすことが、まさに現存の秩序に服することと一致するなら問題はない。しかしいつもそうとは限らない。当時のユダヤの場合はどうだったろうか。

イエスの言葉は当時の一般的ムードの中で考えてみなければならない。当時ローマに対して独立戦争を行なえば、必ず神の助けがあるし、またローマから独立すればそれで民族は救われるのだという主張が強かった。外国に支配され、重税を課せられていた民族にとって、独立の要求がどれほど正当であろうとも、ユダヤ民族は聖なる民だから必ず異邦人に勝利するはずだとか、政治的独立を達成しさえすれば民族は救われるという考えの中には、ある危険が、倒錯が、あるのではないだろうか。実際ユダヤ民族は無謀な反乱を起こして自滅したのである。

イエスの基本的な考え方は、まず神のものを神に返すことであり、現存の秩序はこのことに基礎づけられ、このことの媒介でなければならない。とすればこの主張は、常に現状に対する批判を含んでいる。すなわち一方的な「秩序」を権力をもって押しつけることに対して、同時に他方では、現存する秩序を変革しさえすれば社会の幸福がもたらされるという考え方に対して、批判を含んでいる。

秩序は本来「人のため」なのだ。「人のため」になっていない秩序、人の根源的な規定に反する秩序は改変されなくてはならない。しかし重点は根源から切り離された秩序そのものではなく、「神のものを神に返す」ほうにある。すなわち「神の支配」にあるのである。（イエスの政治性については、一九一ページ以下でもう一度問題にする）

神の支配

神の国、「悔い改めよ、神の国が近づいた」（マルコ一・一五。同じ節の「福音を信ぜよ」はマルコ
神の支配による。マタイ四・一七参照）

この告知はイエスの思想の中心だとされている。しかしイエスはなんのことを神の国と言ったのかということになると、学者の見解は必ずしも一致していない。

さまざまな時代の、いろいろなひとびとの理想が「神の国」の中に読み込まれた。そのすべてに論及する必要はないであろう。しかしとかく陥（おちい）りやすい誤解にあらかじめ触れておくと、まず注意すべきことは、現

在一般に「神の国」は神の王国や領土やその中の民のことではなく、むしろダールマン以来神の支配のことであると解されている。

この見解は正当な一面を持ち、その限り「神の支配」という訳は採用されなければならない。しかし、神の支配そのものと、その支配が及ぶ領域また支配に服するひとびとというニュアンスの差はやはりおのずからあるのであって、後者のニュアンスが強いときには「神の国」と訳したほうがよいと思われる。たとえば「この幼な子のように自分を低くする者が、天の『国』の中ではえらいのである」（マタイ一八・四）、また「神の『国』で葡萄酒を飲む」（マルコ一四・二五）、「アブラハムやイサクやヤコブまたすべての預言者が神の『国』にいて……また東西南北からひとびとが来て神の『国』で宴席につく」（ルカ一三・二八―二九）というふうである。だから以下でも上記のニュアンスの区別が大切なときには、「神の支配」と神の「国」とを使い分けることにしよう。この区別は思うに、「神の支配＝神の国」の現在性と将来性の問題を考えるときに重要である。

さて神の国は人類史の発展の頂点、進歩の最終段階、というようなものではない。イエスの時代には歴史の進歩とか発展とかいう考えはなかったのである。さらに神の国はこの世に対立するもの、此岸に対する彼岸、という性格をもっている。すなわち神の国は人間が歴史をつくってゆく、その目標、といったものではなく、従っていわゆる理想社会でもない。すなわち、イエスは理想社会の姿を描き出してこれを実現するための具体的方法を提唱し、理想社会建設のためにひとびとに呼びかけ運動を組織する、というようなことはしなかった。

同じように神の支配は、個人倫理の目標、人格形成の頂点、その意味での至高善でもない。イエスには、ある理想像に従って人格を形成する、というような考え方はないし、だから「徳」という概念もない。このような人間把握はギリシア精神の系譜をひく近代西欧の個人主義的人格主義に属する。「人生」の節（一一七ページ以下）で見たようにイエスの考え方はこのような人間把握に対立するものを持っている。人格形成は人間の正当なあり方のひとつ（個人としてのあり方）であるには違いない。しかし形成の目標と努力そのものが人間を立てると考えられるとき、これはイエス的な人間把握からは倒錯として批判されるであろう。

神の支配は人間の「内面性」のことでもない。人間は自分だけの心の世界を持っている。しかしこのような心の生活を深めはぐくむことがイエスのいう「神の支配」なのではない。自分だけとの対話の世界、他者とのかかわりの中に決して現われないような内面性は、イエス的な人間把握からは閉鎖性として批判されるであろう。

終末論的理解

今世紀のはじめごろ、ヨハネス＝ヴァイスやアルバート＝シュヴァイツァーのような学者が、イエスの時代に広まっていたユダヤ教の終末論に注目し、ここからイエスの「神の支配」思想を理解しようとした。イエスの言行は、ユダヤ教の終末論からしてはじめて理解されるというのである。

ユダヤ教の終末論、特に宇宙的な終末論は、前述のように、もう世界の終末が迫っていると説く。まずさまざまな災害や戦争があり、それから日は暗く月は光を失い、星は落ち、もろもろの天体は焼け崩れる。旧い世界は崩壊し、新しい世界が現われる。そのとき（この辺は必ずしも一致していないが）、天から審判者＝救済者が降り（これは「人の子」と称せられることがある）、世界的な審判がなされ、神の国が現われ、義人はこれにはいるとされる。

実際、たとえばマルコ一三章にあるような終末論は、ユダヤ教的終末論から理解するより仕方がない。こうしてイエスの説く「神の国」が、人の手によって建設されるのではなく、神によってもたらされるのであり、すなわち超越的・彼岸的性格を持っている事実が注目されるようになった。こうしてシュヴァイツァー以来、イエスの言行一切をユダヤ教的終末論から解釈しようとする見解が一般化したのである。この場合神の国＝神の支配は徹底的に未来のものとなる。

しかしすでにC・H・ドッドやJ・エレミアスなどは、イエスの言葉の中に、神の支配は現在すでに存在するという意味のものがあることを重視した。この結論は現在広く認められている。ヴァイスやシュヴァイツァーの影響を強く受けたブルトマンは、イエスには終末論的預言者の性格と並んで、それとは直接にはつながらない教師の性格があるとし、前述のように、両者の関係を問題にしたのであった。こうして最近では、律法や人生に関するイエスの言葉が、「終末」とは無関係に語られている事実があらためて認識されるようになっている。しかし、神の支配の現在性と将来性の関係や、そもそも神の支配とはなんのことなのかということになると、従来必ずしも定説はなかった。しかし、いずれにせよ、イエスの思想を理解しようとする場合、神の国＝神の支配の将来性と現在性の関係、またイエスの終末論と倫理の関係が、決定的に重要な問題であることが注意されなくてはならない。

決断の状況

私たちは以下のように考える。第一節から第三節までで論じた限りでは、イエスは実際、愛や人生や律法の問題に関する「教師」の性格を持っている。ここではかれの教えは決して直接終末の近さから基礎づけられてはいない。そして本節では、イエスは、来たるべき神の国を告知する預言者なのである。さてブルトマンは、イエスにおける教師性と預言者性の関係を求め、両者の一致を、イエスの教えと預言が共有する人間把握に見た。すなわちイエスの教えも預言も共に「人間はあらゆる瞬間に決断の状況に置かれていると見ている」というのである。

確かにそういう点はあるといえる。私たちは愛や人生や律法に関するイエスの言葉を検討したのであるが、そこで私たちは、イエスが人間をかかわりにおける存在としてとらえていることを見た（そのかかわりは決してかかわりの一方の極が他方を直接に拘束したりするようなものではなく、従って断絶を含んではいるが）。すなわち愛においては隣人とかかわり、個人としては自分自身とかかわり、律法においては社会とかかわる存在として把握された。これは実際人間の基本的なかかわり方の三つの相を示すのである。

そのどのあり方をとってみても、ある目標を立て、これを達成するところに人生の意味がある、というような考え方が否定されていた。人は特定の人のために、その人だけとの排他的・直接的結合の中だけに存在するのではないし、また自分の人生の目標をひたすら追求するという生き方は倒錯を含み、第三に律法主義は批判されたのである。

このような意味で、これに頼っていさえすればよいというような価値や規範の体系は、人からは奪い去られている。だから人間は実際いつも「決断の状況」に置かれているといえる。

それだけではない。隣人とのかかわりにおいては愛、個人のあり方としては無欲、社会的なあり方としては義が、それぞれにおける正しいあり方を示してはいるのだけれども、この三者を統一する上位の普遍は存在しない。対人関係(愛)がうまくゆけば自然に社会的義務が果たせるというものではないし、無欲でありさえすれば愛が成り立ったり、社会人としてしかるべく行動できるということにもならない。それどころか、対人的なあり方と個人的なあり方と社会人としてのあり方の間には、相互否定的な関係さえあるのである。考えてみれば明らかなように、個人的なあり方においては各人は実際それぞれ世界の中心として振舞うのだし、愛においてはその対象が自分よりも、まして外の誰よりも、大切なのだし、また社会はいつも全体は個に優先すると考える面を持つのである。

他方、三つのあり方は単に互いに矛盾対立するのではなく、互いに補い合い全うし合う面も認められる。私益と公益がある程度以上一致する社会でなければ、社会は社会として成り立たず、また個人は社会の外に出ることはできず、さらに対人関係がうまくゆかなければ個人の幸福も傷つけられ社会の運営も円滑さを欠くことになる。

しかし、対人的なあり方と個人的なあり方と社会的なあり方とが互いに並んで存在し、また相互に否定的な一面を持つ限り、三つのあり方を統一するような上位のあり方はないのである。また、ひとつのあり方の中に他の二つを吸収してしまうこともできない。しかも人間はあらゆる瞬間、あらゆる状況において、同時に三つのあり方の中に置かれているのである。人間はあらゆる瞬間に、特定の人への愛と、自分のための配慮と、社会正義の要求の中に置かれているのであり、その中からどれをどの程度選ぶかということは、常に決断の問題とならざるを得ないのである。

さて人間の基本的なかかわり方に以上の三つがあるからこそ、イエスの教えは自然に三つのあり方に応じて分類されるのである。そしてイエスはしばしば義を愛の上に基礎づけるような言い方をする（マルコ一二・二八―三四参照）。けれども、一貫して義を愛から導出しようとしているのは実はマタイであってイエスではない。むしろ、イエスが愛を語るとき、個人の自己主張は消え（マタイ五・四四）、個人の生は必ずしも愛に基礎づけられるのではないし（ルカ一七・三三）、義は愛や配慮とは別問題なのである（ルカ一八・一〇―一四）。

そして事実上三つのあり方を一つのあり方に解消することができない以上、イエスはそう明言しているわけではないけれども、実際イエスによると、人間はあらゆる瞬間に決断の状況に立たされている、ということになる。このようにして私たちは、――ブルトマンは以上のように論じたわけではないが、――一応ブルトマンと同じ結論に導かれるのである。

人間存在の根底的規定としての「神の支配」　しかし私たちはさらに一歩を進めることができる。人間は常に決断の状況に置かれているし、そこにはすがるべき何もない。しかし自分を支え・立てようとしてすがりついていたあらゆるものから手を放したまさにそのときにこそ、人は自分で自分を支え・立てなくても本来まず立てられているという根源的な事実に目ざめるのである。そして単に自分だけがあるのではなく、自分はかかわりの中へと置かれている事実に気づくのである。そして自分をかかわりの中へと置く規定が他の人にも働いていて、こうして相互のかかわりが成り立っていることを認識するのである。自分が自分を支えようとする倒錯から解放されて自己は自由になる。自己は本来自由なのである。そしてこの自由は、具体的には、他者とのかかわりにおける自由であり、真の自由は常にかかわりにおける自由なのである。あらゆるかかわりから外へ出てしまったら、人は考えることも語ることも生きることもできはしない。

私たちは、人間の三つのあり方に関するイエスの言葉を検討したときに、いつもこのような事実の自覚にぶつかった。自己を立て、かかわりの中へと置く根源的な規定にまでさかのぼってはじめて、イエスの言行は理解されるのである。さきに、人間の三つのあり方をひとつのあり方の中に吸収することはできないとした。それはそのとおりなのであるが、従って決断の状況ということはなくなりはしないが、ここで言っている根底的な規定は、三つのあり方のそれぞれにおいて働く共通者なのである。「かかわりにおける自由」への規定は、どのあり方の中にも現われるのである。

私の意識や思考や努力に先だって、かえってこれらを成り立たせる規定、私を超えて、すべての人の中でと同様私の中でも働くこの規定、私を成り立たしめまたかかわりの中へと置く規定が、それ自身ひとつの規定でありながら、私をさまざまなかかわりの中へと置くのである。私がこの規定に従うときに私の自由が成り立つ。この規定は自由の根拠である。そして他方、この規定は自由を媒介としてのみはじめてあらわになるのである。

（議論が少し抽象的になったので例をあげる。前述のように、イエスはないものをあると主張したり、あるものを無視したりせずに、単純率直に「あるものをある、ないものをない」と認めたのである。

さて「あるものをあるとする」とはどういうことか、ということになると、これは存在論、認識論にわたる問題を含んでいる。しかし、ここでは大ざっぱに考えてみよう。次のことは確かである。はじめから何かを「ある」と前提していると、この前提と矛盾するものは「ない」ことになる。だから「あることをある」とすることのできる根本的な立場はまったく無前提でなくてはならない。すなわち一切の「ある」という前提が消滅した立場でなくてはならない。このような立場に立ったときにはじめて、「あるものはある」とすべきだという規定もあらわに自覚される。そして私の考えでは、この規定はあの「根底的な規定」の働きに属するのである。

「あるものをある」と認めるとき、私は自由である。そうでないとき、私は他律的な拘束のもとにあるのである。だからこの規定に従うとき私は自由であり、また私のこの自由を媒介にしてこの規定が規実となる。さらにまた、私が「あるものをある」と認めているとき、すなわちこれを言葉にするとき、私はすでに他者を予想し、他者とのかかわりの中にあるのである。すなわちこの規定は私を他者とのかかわりの中に置いているのである）

イエスのいう神の支配とは、これまでにイエスの教えにおいて私たちが問題にせざるを得なかった規定、人を立て・支え・自由にしながらかかわりの中へと置く根底的な規定そのもののことにほかならない。そしてこの規定は現在存在するのである。そしてこの規定において、「支配」と「自由」はひとつなのである。

この規定に目をとめない限り、イエスの「神の支配」に関する言葉は理解されず、「神の国」に関する「預言」と、人生に関する「教え」との内的な関連も理解されないであろう。すなわち、イエスの倫理的な教えは、神の支配の現存の上に成り立ち、神の支配は現在働いているが、その貫徹としての「神の国」の出現は、将来に待望されるのである。しかしこの際、イエスがこの規定を当時の終末論の概念でとらえ・言い表わしたことも同時に注意されなくてはならない。イエスといえども時代の外に出ることはできないのである。いずれにせよこうしてイエスの「倫理」と「終末論」は内的に統一される。

さて以上のような予備的な考察ののちに、私たちはイエスの言葉へとかえってゆこう。

何よりも大切なもの　「神の支配」は以上のようなわけで、人が人であるについての根底的な規定なのであるから、それは何よりも大切なのである。

「天の支配（筆者注。マタイは神という言葉を避けて天という。マタイは神という言葉は口にするだにおそれ多いと感じているのである）はこういう具合である。ある人が畑の中に宝が隠されていたのを見つけて、そこにそっと隠しておき、喜んで去り、持ち物を全部売り払ってその畑を買った。

またこういう具合である。良い真珠を探している商人が価値の高い真珠をひとつ見つけた。彼は立ち去って持ち物を全部売り払ってそれを買った」（マタイ一三・四四－四六）

「手を鋤（すき）にかけたあとで後ろを振りかえる者は神の支配にふさわしくない」（ルカ・九・六二）

神の支配のもとにはいるのを妨げる一切を棄てなくてはならない。これは必ずしも文字どおり棄てることではない（それが必要な場合があるにしても）。というのは、最大の障害は自分自身、つまり神の支配に服さないまま自分で自分を立てようとすることであるからだ。この場合、自殺してみてもなんにもならない。必要なことは、このような自分自身が、すなわち何かを求めそれにすがろうとする心そのものが、消失することである。

「君の目が君をつまずかせるなら切って棄てよ。片目で神の支配にはいるほうが、両目を備えて地獄（ゲヘナ）にほうり込まれるよりよい」（マルコ九・四七）

イエスが自ら神の支配のもとにある者として神の支配を代表する限り、一切を棄ててイエスに従うことが要求される。このときこの要求は社会的な義務や愛にすら先行するのである。

「イエスがほかの一人に言った。『私について来なさい』その人は言った。『その前に父の葬式をさせて下さい』イエスは彼に言った。『死人の葬式は死人にまかせて、君は行って神の支配を告知しなさい』」（ルカ九・五九―六〇）

「イエスがある村にはいられたときのこと、マルタという女がイエスを家に迎えた。さてマルタにはマリアという姉妹がいたが、マリアは主の足もとにすわってその言葉に耳を傾けていた。マルタはもてなしのため忙しく立ち働いていたが、とうとうやって来て言った。『主よ、マリアが私ひとりに働かせているのになんともお思いにならないのですか。手伝うように言って下さいませんか』主は答えて彼女に言った。『マルタ、マルタ、あなたはいろいろなものに気を配ってめまぐるしくしているが、なくてはならぬものはただひとつなのだ。マリアは良いほうを選んだ。それを取り上げてはならない』」（ルカ一〇・三八―四二）

「神の支配」の現存と「神の国」の到来　イエスは神の支配を見いだしたのである。少なくとも私たちに知られている限りでは、旧約＝ユダヤ教の圏内でははじめて、外の誰も及ばないほどはっきりと、神の支配を見いだしたのである。神の支配はいま厳として存在する。すべての人のもとに現存する。そうでなければ、イエスはひとびとに向かって、前述のような教えを語りはしなかったであろう。イエスの教えはまさに「神の支配」の現存を前提しているのだから。しかし神の支配はまだ気づかれず、隠れている。すべての人が自覚的にこの支配に服しているのではないからだ。

しかし神の支配はイエスに見いだされ、イエスのうちに働き、イエスを通じてあらわとなった。神の支配は、畑の中の宝のように隠れていたが、イエスはそれを見いだしたのである。

しかし「見いだす」ということ自体、すでに神の支配の働きによるのである。とするならば、神の支配はそれ自身の働きによって、自らを現わさずにはおかないであろう。すでにイエスにおいてあらわとなった神の支配は、自らの力によってすべての人においてあらわとなるであろう。

「神の支配は何に似ているだろう。どんなたとえで言い表わそうか。芥子粒のようだ。地に播かれたときは地上のどんな種より小さいが、いったん播かれると成長してすべての野菜の中で一番大きくなる」（マルコ四・三〇—三二）

「天の支配はパン種のようだ。女が二斗の粉に混ぜると全体が発酵する」（マタイ一三・三三）

イエスが神の支配を見いだしたとき、それはすべての人にかかわり、すべての人が服すべき支配であるがゆえに、おそらくイエスは、「神の支配」は急速にすべての人に及んであらわとなり、やがてすべての人が全く神の支配に服するときが来ると考えたのであろう。こう考えると、はじめてイエスの「神の支配」に関する発言が全体として了解される。神の支配はそれ自身の力で支配を貫徹し、あらわとなる。しかしその際、神の支配の現われを妨げ、これに敵対する一切は、神の支配自身によって滅ぼされなくてはならないし、必ず滅ぼされるはずである。この認識と確信とがイエス当時の終末論の衣裳を着て言い表わされると、やがて神の働きによってこの世に終末がきて、旧い世は滅ぼされ、すべての人が審かれ、そして神の国が現われるということになるのである。こう考えてはじめて、一方では「神の支配」が現在すでにあるとされながら、他方では終末と審判と神の国の現出が将来に待ち望まれるわけが納得されるのである。

神の国の到来ということ、それは決して、人類の歴史が進歩発展してついには神の国に至るのではなく、「神によって起こる」ことなのである。

「神の支配はこういう具合である。ある人が地に種を播き、夜昼寝たり起きたりしていると、その人が知らないうちに種は芽ばえて成育してゆく。地は自然に実を結ぶのである。まず茎、次に穂、それから穂の中にむっちりした実ができる。実が熟すると鎌を入れる。収穫の時が来たのである」（マルコ四・二六―二九）

このたとえ話はいろいろに解釈できるが、中心は種が人手を借りず自分で育つというところにある（神の支配が自らの力で自らを貫徹してゆくこと）。

神の支配は今あり、働いている。

「もし私が神の指によって悪霊を追放しているなら、神の支配は君たちのもとに臨んでいるのだ」（ルカ一一・二〇）

悪霊追放とは、狂気の人を正気に返すこと、この場合はイエスが神の支配を告知し指示することによって、神の支配を妨げるものを除去していることだと解してよいであろう。いずれにせよ、それはイエスという「人」の業ではなく、人の業を通じての「神の指」の業なのである。すなわち神の支配自身の働きなのである。とすれば「神の支配は君たちのもとに臨んでいる」のだ。

「神の支配は見える形では現われない。『見よ、ここにある』とか『あそこにある』とか言えるものではない。神の支配は、見よ、君たちの中にあるのだ」（ルカ一七・二〇―二一）

「君たちの中」とはどういう意味か諸説がある。いずれにせよ、自分の心の中の生活、内面性、ということではない。また「ひとびとの間に、イエス（という人）が、神の支配（そのものとして）今ある」ととるのも無理であろう。また神の国の徴候が今ある、というのでもない。さらに「ある」は「ある」であって、「来る」と解してもならないであろう。従ってこの言葉はほぼこういう意味であろう。神の支配そのものは目に見えない。目に見える形はその働きの結果であり表出であって、支配自体ではない。神の支配そのものは人間のさまざまな営みを成り立たせる根拠であって、営みそのものではない。だから神の支配はこれだ、あれだと言って指示したり見せたり定義したりできるものではない。むしろ神の支配はあれだとかこれだとか言うことの根拠であって、従ってあれだとかこれだとか言って形を示したらもうまちがってしまう。神の支配は人間の一切の営み（愛にもせよ、義にもせよ、思考にもせよ、またその他の行為にもせよ）を成り立たせる根拠として「君たちの中」に今、厳として存在するのである。

もしイエスの言う神の支配が何かの形や実のことであったら、すなわち理想社会やその秩序やまた一般に完成された状態それ自身のことであったら、それは「今ある」なら「やがて来る」とは言えないし、「やがて来る」なら決して「今ある」とは言えないであろう。たかだか完成途上にあるという意味で、今始まっているがやがて完成すると言えるにすぎない。しかし完成途上にあるものなら、やはり「今ある」とは言えないであろう。

しかしイエスによれば神の支配は単純率直に「今あり」、「成長し」、「来る」のである。こういうことが成り立つのは、神の支配が、人が人であることの根拠として「今ある」からであり、そしてそれは今ある以上、自らの力と働きによって、あらゆる障害を滅ぼしてすべての人において自己を貫徹するはずであるからだ。

だから「神の支配」はすでにあり、働いている。しかし「神の国」、つまり支配の貫徹はやがて来るのである。だからある意味で神の国は実現途上にあると言える。しかしそれは決して建設中といったようなものではない。もしそうだったら、イエスは神の国建設へと呼びかけたであろう。そうではなく、イエスの言う神の支配は、まず人の業によらない根源的な規定としての神の支配のことであるから、その存在と働きと貫徹とは、単に告知され預言されるのである。それは決して建設への呼びかけとはならず、かえって悔い改めへのすすめとなるのである。

そしてイエスは、当時の終末論の影響のもとに、神の「国」はある時点で一挙に、宇宙的事件として、その姿を現わす、というふうに考えたのであろう。だから神の支配が「ある」（ルカ一七・二〇など）、「成長する」（マルコ四・二六以下など）、神の支配にはいる「マタイ二三・一三、マルコ九・四七など）、神の「国が来る」（多数）という言い方が並存しうるのである。前述のいわゆる終末論的理解は、神の国の将来性を認めた点で正しかった。しかしそれに神の「支配」の現在性を認めなかったので、イエスの思想の統一的理解がうまくいかなかったのである。

神の国の到来

さて、神の国はやがて来る。

「ここに立っている人たちのうち何人かは、死ぬ前に、神の国の力強い到来を見るだろう」（マルコ九・一）

神の国の到来は「人の子」（後述）の出現なのである。

「人の子は、彼のため定められた日に、ちょうど稲妻がひらめいて天の下を一方の端から他の端まで照らすように、現われるだろう」（ルカ一七・二四）

しかしその日はいつだかわからない。

「しかしその日とその時がいつかは、父（なる神）のほかは誰も知らない」（マルコ一三・三二）

だから繰り返し繰り返し、その日のために備え、眼をさましているように、警告されるのである。

「ノアの時もそうであった。人の子の日にもそうであろう。あの時ひとびとはノアが箱船にはいる日まで、食べたり、飲んだり、嫁にやったり、めとったりしていた。そうしたら洪水が来てみな殺しにしてしまった」（ルカ一七・二六―二九）

「だから目をさましておれ」（マルコ一三・三五）

神の国が到来する日、神の国にはいるのはどういう人だろうか。ここで「審き」、すなわち神の国にはいる人と、はいれない人が分けられることを、ことさら強調するのはマタイである（一三・三六―四三、四七―五〇、二五章）。これらの箇所が示すように、マタイはキリスト教団に属する者の中でさえも「審き」が行なわれるとみている。

審判とその基準

しかし、どういう人が神の国にはいるのかといえば、これまで見て来たところからすれば、当然、現にあり・働いている「神の支配」に服しているひとびとだ、ということになる。実際そう考えられているのであって、同時にここにまた、神の支配がどういうものであるかが示されている。

「天の国は家の主人が朝早く出て行って、労働者をぶどう畑に雇うのに似ている。主人と労働者の間に一日一デナリの約束ができると、労働者たちをぶどう畑にやった。また九時ごろ出ていって、ほかの労働者が何もせずに市場に立っているのを見て、『君たちもぶどう畑に行きたまえ、適当な支払いをするから』と言うと、その人たちも行った。十二時ごろと三時ごろとにまた出ていって、同じようにした。五時ごろ出て行ってみると、ほかの労働者が立っていたので言った。『君たちはなぜ一日中何もしないで立っているのだ』かれらは答えた。『誰も雇ってくれなかったのです』主人は言った。『君たちもぶどう畑に行きたまえ』

さて夕方になるとぶどう畑の主人が監督に言った。『労働者たちを呼んで賃金を払ってやりなさい。最後に雇った者からはじめて、最初に雇った者までだ』そこで五時ごろ雇われた者が来ておのおの一デナリずつもらった。さて最初の者の番がきたとき、自分たちはよけいにもらえるだろうと思った。しかしかれらもおのおの一デナリずつもらった。そこでかれらは主人に向かって不平を鳴らして言った。『この最後の者はたった一時間しか働かなかったのですよ。われわれは一日中重労働と暑さを我慢したのに、あなたは同じ扱いをしましたね』

主人がその一人に答えて言った。『君、わたしは君に何も不正はしていないよ。君は一デナリでいいと言ったじゃないか。自分の分を取って行きたまえ。わたしはこの最後の人にも、君と同じだけやりたいのだ。私の金でしたいようにしてはいけないのか。それとも君は、わたしが親切をしたのが気に食わないのか」（マタイ二〇・一―一五。マタイ二五・一四―三〇をも参照）

神の支配に従ったかどうかが問題なのであって、成し遂げた業績の量が問題ではない、と言うのである。この世界では業績の質と量とが問われる。もちろんそれはそれなりの根拠があることだ。しかし業績をどれだけあげるか、またそれが人に認められるかどうかは、努力だけではなく才能や境遇や運がものを言う。人間は特定の時と所に、特定の個性なり能力なりをもって生きているのであって、この場合その人が人間として立派に生きたかどうかということは、彼が何をしたかということではなくて、かれが「神の支配」に服していたかどうか、根底的な規定を生かしたかどうかによるのである。

換言すれば、かれがかれ自身として生きたかどうかが大切なのである。人を人たらしめる根底は、ある人が「えらく」なることではなく、むしろその人自身であることを求め、その人自身であることを通じて働き・

あらわれるのである。しかもそこにおいて個性が真に個性として生かされるなら、やはり個を個としてそれにふさわしい場所に置く国(社会)が同時に考えられていることになる。

いずれにせよ、神の支配は現在すべての人のもとにあり、すべての人が本来この支配に服すべきなのである。そうでなければ、神の国がやってきたとき、そこにはいる人はないし、ましてはいる人とはいらない人と分かれることもない。だからイエスが審きについて語るとき、彼は現実の認識を根拠にして預言したのであって、空想にふけっているのではないのである。

神の国にはいる人　従ってまた、神の国にはいる条件は、律法を守ったかどうかということではなく(マタイ二三章、特に一三節)、イエスと関係があったかどうかということですらないのである(マタイ七・二一、ルカ一三・二五—二九)。

神の国にはいるためには、なにも「えらい人」になる必要はないのである。修養を積んだり学の蘊奥をきわめたり富を蓄えたり大事業をしたり高い地位についたりすることが神の国にはいる条件ではない。といってもこれらのものが悪いというのでもない。危険はこのようなものを自分自身であると思い込む妄想なのである。またもちろん、悪事を働いた人間が、まさに悪事を働いたという理由で神の国にはいるのでもない。

神の国にはいるのはただの人である。さまざまなもので自分を支え立てようとしなくても自分が立てられているという事実に目ざめた人、そして自分のほかにも同じような人が存在し、自分は自由な人間でありなから他の人とのかかわりの中にあり、かかわりの中でこそ決して拘束されるのではなくかえって自由なのだという事実を認めた人、自分を自分として立てている規定が自分を超えてあらゆる人のうちに働き、ひとびとをかかわりへと組み成していることに気づいている人、そしてそのようなかかわりの中で、他人をうらやんだり真似したりせずに、あるがままの自分であることの中に、「神の支配」への服従を見いだしている人、このようにしてあるがままの事実をあるがままに認め、生かす人が神の国へはいるのである。善を行なったからはいるのでもなく、悪を働いたから拒まれるのでもない。

「イエスは言った。『君たちはどう思うか。ある人に二人の息子がいた。上の子のところへ行って、〈子よ、今日ぶどう畑へ行って働いておくれ〉というと、子は〈はい、お父様〉と答えたが行かなかった。そこで下の子のところへ行って同じように言うと、下の子は〈いやです〉と答えたが、あとで悪かったと思って行った。二人の子のうち、父の言うことをきいたのはどちらか』

そこでひとびとは『下の子です』と言うと、イエスは言った。『私は真実を告げるが、取税人や遊女のほうが君たちより先に神の国にはいる。なぜなら(洗礼者)ヨハネが君たちのところへ義の道をもたらしたのに、君たちはかれを信じなかった。信じたのはかえって取税人や遊女であった。君たちはそれをみても、あとで悪かったと思ってかれを信じることをしなかった』」（マタイ二一・二八―三二）

「神の国」思想の意義　イエスは当時パリサイ人の間で受け入れられていた終末論に従って——サドカイ人はこの見解を拒否していた——神の国が到来するとき、死んでいた人は復活して神の国にはいると考えていたらしい(マルコ一二・一八—二七)。神の支配そのものは永遠である。そしてそればかりではなく、イエスは神の支配に服する人も永遠であると考えていたらしい。上記のマルコの箇所によると、神の支配のもとにあった人は、死後復活して現在神のもとに生きているというようにとれる。

いずれにせよイエスの「神の国」思想は、イエスの「神の支配」認識からして理解すべきなのである。イエスの思想は当然あの時代の概念で言い表わされてはいるけれども、イエスは「神の国思想」を思想として根から切り取った花のように、後期ユダヤ教から借用したのではないのである。

だから私たちも、イエスの「神の国」思想を学ぶとき、単にイエスの思想をそのまま受け取るのではなく、イエスに神の国を語らせた「神の支配」の現実そのものを、みずからのもとに把握することが大切なのである。

「神の国」は、イエス当時のユダヤ教やまたイエス自身が期待したような形ではこなかったし、またこないであろう。このことは当時の神の国思想の限界を示している。だから私たちは、現在このような思想をこのままの形で受容することはできないし、すでに原始キリスト教のひとびとにしてからが、イエスの思想そのままを反復したのではないのである。

しかし、イエスが神の支配と呼んだ事実は、決して今日の私たちに無縁のものではない。それどころか、それこそイエスの思想に時と所を超えて現代にまで及ぶ普遍性を与える根拠であり、イエスが私たちに示す、私たち自身のもとの現実なのである。そしてこの現実は、イエスが考えたような仕方でではないが、やはりすべての人において自己を貫徹することを求めているのである。

イエスと「人の子」

最後にここでいわゆるイエスのメシア意識の問題について少し触れておこう。これは、イエスが自分でメシアであるという自覚を持っていたかどうか、持っていたとしたらいかなる意味で自分をメシアだと考えていたかという問題で、たいへん厄介なものであり、いまだに結着はついていない。簡単に扱えるものではないのだけれど、ひとつの推定だけを述べておきたい（筆者がこのような見解をとるに至ったについては、九州大学教授滝沢克己氏の示唆によるところが大きい）。

「人の子」はユダヤ教終末論に出てくる超人間的・神話的な形姿である。当時必ずしも一定の見解があったのではないが、創造に先だってつくられ、今は隠れているが、終末の日に現われる審判者・救済者なのである。このような意味での「人の子」は旧約聖書の中ではダニエル書七・一三以下に現われる。それによると、人の子は天の雲に乗って現われ、主権と栄光と王国を与えられるのである。

福音書の中には、イエスが「人の子」について語った言葉がたくさん記されている。しかも文脈上「人の子」とはイエス自身のことであり、しかもイエスはここで自分のことを「人の子は……」と、まるで他人事のように、三人称で語っているのである。

この際いちじるしい事実がある。「人の子」語句は三つのグループに分けられる。第一のグループは、終末時に現われる人の子について語り（マタイ二四・二七、マルコ八・三八―九・一、ルカ一七・三〇など）、第二のグループは地上で苦難を受け、十字架につけられ、復活する人の子（マルコ八・三一など）に関し、第三のグループは地上で活動する人の子について語っている（マタイ八・二〇、一一・一九、一二・三二、マルコ二・一〇、二・二八など）。そして第一のグループは人の子の地上での活動や苦難については全く語らないし、同様第二のグループは人の子の現在の活動や来臨について語らず、第三のグループは来臨や苦難のことはひと言も語らないのである。つまり三つのグループは一応互いに無関係なのである。

よく次のように主張される。すなわち、イエスは「自分は人の子である」という自覚を持っていた。他方イエスは受難と復活という運命を予知した。そこで彼は両方を結合したのである。ユダヤ教の伝統の中には「栄光の人の子」の思想があり、他方旧約は民の罪をあがなう「苦難の僕」（イザヤ書五三章参照）を知っていた。イエスは自分自身を理解し、そして自分の運命を言い表わすにあたって、両者を結合したのだ、とされるのである。

しかし上記の三グループはお互いに無関係で、決して直接に結合されていない。また自分を天の雲に乗ってやって来る人の子と自覚したり、また受難ののち復活すると預言するとは、いったいどういうことなのか。

そこでこうも考えられる（ブルトマン）。第二のグループ（受難・復活の人の子）は事後預言、すなわちことが起こったあとで、それがあらかじめ預言されていたことに仕立てられたもの、であって、イエスの言葉ではない。第三のグループ（地上で活動する人の子）は元来単に「人」を意味したアラム語の直訳＝誤訳である。第三のグループ（来臨する人の子）だけがイエスの口から出た言葉であるが、ここではイエスは「人の子」を自分ではない、第三者として語っているのである、と。

これはなかなか卓見であるといわなくてはならない。しかしそれではマルコ二・一〇は元来「人は地上で（神に代わって）罪を赦す権威がある」ということであり、二・二八は「人は安息日の主である」ということなのだろうか。

私たちはこれまでに、イエスが人を決して切り離して見ずに、常に一方では他の人とのかかわりの中に置き、他方では人を人たらしめる規定（神の支配）のもとにのみ見ることを学んだ。とすれば、ここで人と言ってもそれはふつうの意味での人のことではあり得ない。これが元来アラム語で「人」のことであったとしても、その人は「神の支配」のもとにある人のことである。というより、罪を赦す権威を持ち、安息日の主であるのは、現にあり・働いている「神の支配」そのものではないのか。だからイエスの言う「人の子」は、「神の支配」のことではないのか。

「神の支配」と「人の子」

しかし「人の子」は明らかに人格的存在なのである。従ってこう考えてよいのではないだろうか。「神の支配」は決して強制ではなく、むしろ人の自由を媒介として現われるもの、すなわち人の自由・主体性を決して犯さないもの、その意味で「自分を超えたものの・自分に対する・語りかけ」といえる性格を持っている。その意味で人格的に表象されてよい面を持っている。

イエスは「神の支配」を人格化して考え、それを「人の子」と称したのではないか。神のさまざまな属性や、あるいは一般に個人を超えて個人に働きかける力を、ユダヤ人は人格的存在として表象したのである。だからたとえば罪の力もサタン（悪魔）として人格的に表象されたのである。それだけではない。「人の子」が当時世界創造の前につくられ、今は隠れていて、終末のときに現われるとされていたなら、それはちょうど「神の支配」についてあてはまるではないか。また神の支配が人を審き（自らを妨害するものを消滅せしめる）、救う（人を真に人たらしめる）ものであるなら、他方では人の子も審判者・救済者と考えられていたのである。また人の子は単なる個人ではなく、むしろ集合人格（共同体をひとつに組み成す力と、この力によってひとつとなった共同体とを、ひっくるめてひとつの人格的存在とみる）と考えられていたらしいから、神の国と人の子が結合するのはますます当然ではないか。

以上のように考えると、「人の子」語句は自然に統一的に理解されてくる。まず第一グループにおいて、神の国の到来と人の子の現出とが結合するのは全く当然である。

イエスと「人の子」、両者の同一と区別　第二に、こう考えると、イエスと人の子とが区別されながら統一されることも理解される。すなわち、人の子が人格化された神の支配のことであるなら、それは明らかにイエス個人とは区別される。だからイエスは人の子の来臨＝神の国の到来を、自分のこととは区別して、三人称で語ったのである。他方、しかし神の支配は現在すでにイエスを通じて現われ、働いている以上、イエスは人の子の代表であり、その限りイエスは自分の行為を人の子の行為として語ることができる。この意味でイエスと人の子はひとつである。こうして次の言葉が理解される。

「神にそむき罪の中にあるこの時代において私と私の言葉を恥じる者は、人の子も父の栄光に囲まれ聖なる天使を率いてやって来るときに、彼を恥じるだろう」（マルコ八・三八）

こうしてイエスは、自分が人の子の代表である限り、自分と人の子を同一視することができた。だからイエスはイエス自身の行為について、「人の子は罪を赦す権威を持つ」（マルコ二・一〇）とか、「人の子は安息日の主である」（マルコ二・二八）とか言いきることができたのである（マタイ一一・一九、一二・三二も同様に解せられるが、後者はイエスと人の子を全く無差別に同一視した原始教団の産物と考えたほうが自然であろう。聖霊をけがすとは、宣教への拒否である）。

だから第一のグループの人の子語句（来臨）と、第三のグループの人の子語句（地上での活動）は内的に統一されるわけである。しかしまた他方では、「天から下る」人の子は「人の子」そのものであって、イエスにおいて働く限りの「人の子」ではない。だから第一のグループと第三のグループの言葉は、相互に独立性を持ち、決して直接に結合されることはないのである。すなわち、人の子そのものと、イエスにおいて現われ・働く限りの人の子（すなわち観点を変えればイエスという人）とは決して混同されないのである。しかしどうやら弟子たちは両者を混同してしまった。そこでイエスこそが人の子であると考え、またイエスの死後弟子たちが自らのうちに神の支配（＝人の子）の現実を発見・自覚したときに、かれらはそれを復活のイエスだと考えたのである（後述）。

また第二のグループ、すなわち受難・復活の人の子を語る語句が残る。この語句を、右のような考え方からしてイエス自身の言葉として説明することは不可能ではないが、しかしこのグループはやはりイエスを人の子と全く無差別に同一視した弟子たちによる事後預言と解するほうが自然であろう。

以上のような考えが正しいとすれば、イエスは別段自分を超人間的存在として自覚していたわけではなく、「人の子」語句でもって人間存在の根底を語り告げたのである。すなわちイエスはただの人であり、ただの人として自らを自覚し、ただの人の真実のあり方を告げたのである。そこには何も秘密めいた・大袈裟（おおげさ）なものはない。しかしことさら「人の子」という言い方をしたのは、神の支配や神の国という言葉には盛り切れない、あの根底の人格的な面のことを、言い表わす必要があったからであろう。罪の「赦し」や、安息日の「主」や、終末の「審き・救い」が問題となる場合、特にそうだったのであろう。

Ⅳ イエスの死・復活と原始キリスト教の成立

十字架の道(1)
（イエスが死刑を宣告された所と伝えられる）

史的イエスから宣教のキリストへ

十字架

イエスは十字架刑に処せられて死んだ。これはイエスに関する伝承のうち最も確かなものだといってよい。それはおそらく紀元三〇年〜三二年の春のことであった。というのは、ルカ三・一によると洗礼者ヨハネが活動を開始したのが皇帝ティベリウスの第一五年のことであり、これは紀元二八年であって、従ってヨハネから洗礼を受けたイエスの活動は、二八年以後のこととなる。

イエスの活動が何年続いたかは断言しがたい。よく共観福音書にはイエスの活動中過越（すぎこし）の祭りが一回しか報告されていないとか、マルコ六・三九の「青草」は春を暗示するとかいわれるけれども、これは史料の性質を考えてみると、あまり年代決定の資料にはならない。またヨハネ福音書の記事の内容と順序は、啓示の展開という視点から決定されているらしいので、ここからもあまり年代を読みとることはできそうもない。

他方使徒パウロがイエスの死後クリスチャンを迫害して、ダマスコに赴く途中回信したのが三三年頃のことと考えられる。従ってイエスの死はそれ以前でなくてはならない。そして原始教団の宣教開始とパウロの迫害・回信の間の期間は、使徒行伝をみると、それほど長くはないという印象を受ける。

イエスは過越の祭り（イスラエルの民がモーセに率いられてエジプトを脱出したことを記念する祭りで、春分後の満月の夜から始まる。今の暦では三月末から四月初めにあたる）の時にエルサレムにのぼり、逮捕され、共観福音書によると祭の第一日の午後十字架につけられ、ヨハネ福音書によるとその前日、つまり祭りの準備の日に処刑された。つまり共観福音書とヨハネ福音書ではイエスの死の日付が一日ずれているわけである。どちらが正しいか、それぞれ相応の論拠と難点があって決定しがたい。どちらかに決まれば、たとえばヨハネ福音書の記事が正しいとすれば、祭りの第一日と安息日が重なることを手がかりとして、その年を計算することができる（三〇年か三三年になる）が、残念ながらどちらとも決定は困難である。

十字架の道⑵
イエスが十字架を負って刑場に歩いてゆく途中倒れた所と伝えられる

イエスが処刑されたとき、ユダヤ総督はポンティウス＝ピラトゥスであった。彼の在任期間は二六年―三六年である。

以上のことを考え合わせると、イエスの死は、三一年か三二年の春のこととすれば、だいたい当たっているであろう。

次に十字架刑はユダヤ式の死刑ではなく、ローマのものであり、ローマに対して反乱を起こした者がこの刑に処せられた。これは重要な事実である。イエスはローマに対する政治犯として処刑されたのである。このことは、イエスの十字架に掲げられたという罪状書き「ユダヤ人の王」とも一致する。つまりイエスは反ローマ的メシア運動の指導者として刑死したのである。

福音書の受難物語

福音書の記事によると、その次第はほぼこういう具合だったという。イエスがエルサレムに入城したとき、群衆はイエスをメシアとして歓呼した。それからイエスは「いわゆる宮潔め」を行なう。すなわち過越の祭りのために国外からやって来たユダヤ人のために神殿で両替えしたり、犠牲用のはとを売ったりするひとびとを追い出し、こういう業務を許可して利益を得ている祭司を強盗と非難した。

イエスはさらにエルサレムで祭司や律法学者や長老たち、すなわちユダヤの指導者・権力者と論争し、衝突した。そこでこのひとびとはイエスを逮捕しようとしたが、昼間は群衆がイエスの側についているので手が出せず、夜はイエスがどこにいるのかわからない。そのときイエスの弟子のひとりであるイスカリオテのユダが金をもらってイエスの居場所を密告し、逮捕の手引きをする約束をした。

エルサレムの神殿（中央）

他方イエスは弟子たちと「最後の晩餐」を共にする（これは共観福音書によれば過越の食事であり、ヨハネ福音書によればその前日のこととなる）。それからイエスはゲッセマネの園に赴き、自らの死を予知して、「この杯を取り除けて下さい、しかし、私の意志ではなく、みこころを成させたまえ」と祈る。

祈り終わるとユダが、祭司長・律法学者・長老から派遣された群衆（神殿警察?・ヨハネ福音書によるとローマ軍の一隊）を手引きして現われ、この人がイエスだという合い図にイエスに接吻し、ここでイエスは逮捕されてしまう。

イエスは祭司長の所へ連行されるが、ここには最高法院が召集されている（ユダヤ教の掟では夜間に議会を召集することは違法である。違法の議会だったのか、予備審問であったのか、あるいは記事がまちがっているのか）。イエスは審問され、自分が「人の子」であることを肯定するにいたって、冒瀆の罪に問われ、死刑を宣告される。

しかし死刑はローマ側の承認を必要とするので、イエスは朝になると総督やピラトゥスのもとへ連れてゆかれる。ピラトゥスは、イエスは無実だと思い、なんとか放免しようとするが、ユダヤ人の圧力に屈して、イエスに死刑を宣する（このようなピラトゥスの描き方には原始キリスト教徒の、ローマ側への配慮と反ユダヤ教モチーフが働いているらしい）。こうしてイエスはエルサレム城外のゴルゴタの丘の上で十字架につけられて死んだ。そして死体はアリマタヤのヨセフのものであった墓に納められた。

翌々日は週の初めの日（日曜日）で、安息日が終わったので女たちはイエスの死体に香油を塗るために墓に行くと、墓は空（から）で、白い衣を着た若者が、イエスの復活したことを告げた。

十字架の道(3)　（キレネ人シモンがイエスの代わりに十字架を負ったといわれる場所）

受難物語の問題点

イエスの死と復活は、キリスト教信仰にとって重大な意味を持っている。最も初期のキリスト教の宣教は、「イエスは私たちの罪のために死に、復活し、使徒たちに現われた。彼は救世主（メシア）である」というようなものだったと思われる（コリント前書一五章三節以下参照）。だからイエスの受難物語は早くから断片的ではなくまとまりのある話として形成され・伝承された。それだけに受難物語には、原始キリスト教徒の信仰や護教的モチーフの影響が大きいのである。

受難物語は実際さまざまな問題を提供する。イエスはなぜ逮捕されたのか。イエスを逮捕し処刑するについて、主導的であったのはユダヤ最高法院かローマ官憲か。イエスの「罪状」はなんであったか。裁判はどのように行なわれたのか。十字架刑執行の日時はいつか、イエスの復活とはどういうことか、など。

福音書を読んでみるとわかるとおり、イエスの受難物語において、イエスは「隠れた王」として描かれている。ひとびとはイエスを逮捕し、審き、侮辱し、処刑したが、実はかれらは知らず知らずのうちに神の定めを行なったのであり、従ってまた、知らず知らずのうちに、イエスを「王」として扱ったのだ。

このような描き方はキリスト信仰の影響下にあるといわなくてはならないし、それだけ記事の史料価値は問題となる。またイエスの裁判の記事についても、イエス側のひとびとはその場に居合わせなかっただろうから、やはり史料として問題があるといわなくてはならない。

イエスの言行の政治性　以上のことを念頭に置いて考えてみると、おそらく以下のようなことが起こったのだと考えられる。

一五二ページ「イエスと政治」のところで述べたように、イエスの言行は直接政治的であったとはいえないし、また直接に政治的な発言はほとんど伝えられていない。

イエスの思想全体から考えるとどういうことになるだろうか。イエスは神の支配の現存と、神の国の到来を説いた。神の支配は人が作り出すものではなく、神の国も人の社会的実践によって建設できるものではない。神の国の到来はむしろ告知され、待望されるのである。ここにイエスの思想が直接には政治的ではないゆえんがある。イエスは政治的改革が民族に救いをもたらすとは考えなかった。

しかし他方、神の支配は、人間が漫然として手をこまぬいていれば、おのずから自己を貫徹するというようなものではない。なるほどそれは人が作ったものではないが、神の支配は人の主体的自由を媒介としてのみ現実的となるのである。だからこそイエスはひとびとに語りかけ教えを説き、「悔い改め」を促すのである。

さて神の支配が、人をかかわりにおいて自由にし、かかわりにおける自由を媒介として現実化するなら、それを自覚した人は、当然神の支配の現われを妨害する一切に対して批判的でなくてはならないし、実際そうであることを、私たちは前章で見たのである。

とすれば、愛や自由や正義に反すること、すなわち力づくの支配とか圧制とか搾取とか不正とかが容認されるはずはない。従ってローマがユダヤ民族を一方的に支配して重税を課したり、ローマ側と組んだ祭司階級や土地貴族が下層民の貧窮の上に奢り暮らしてよいわけもない。イエスがどこまでこうしたことをあからさまに語ったかは別としても、イエスの言葉や態度からはどうしてもこういうことにならざるを得ない。

イエスは貧しい下層民の所へ行き、やがて神の国が来ること、そしてまっ先に神の国にはいるのはほかならぬかれらであると説いた。そしてユダヤの上層階級を烈しく攻撃した。この批判はもともと、金持ちや学者や祭司はそれぞれの仕方で神の支配に盲目になっている、ということであったにせよ、イエスの言行が圧迫されていた下層民の喝采を博し、上層階級の反感と危機感を煽ったことは十分考えられる。おまけに他方では、イエスに関するさまざまな伝説が—病気を癒し、悪霊を追放し、大勢の人に食を供したというような伝説が—多少の事実に基づいているにもせよ、誇張され広まっていた。これがメシア待望と結びつき、「この人こそメシアの先駆者だ、いやイスラエルをローマから救うメシアその人だ」という確信を呼び起こしたのは当然であったろう。ましてイエスは自分の振舞を「人の子」の振舞として語ることができたのである。

こうしてイエスを中心とする大衆的政治運動が盛り上がり、イエス自身の意図とはもはや無関係な展開をみせたのではなかっただろうか。その現われのひとつが、イエス入城の際の歓呼だったのではないか。

イエスの死

それにしてもイエスはなんのためにエルサレムへ行ったのだろう。単に、過越の祭りの時はエルサレムに上るのが習いだったからか、あるいは首都で神の支配の告知をするためだったのか、または過越祭のエルサレムで神の国の到来を迎えようとしたのか、とにかくイエスのエルサレム入りは、祭司にも律法学者にも長老にも、またローマ官憲にも、それぞれの意味で脅威であった。

一般的状況はおそらく以上のようなことであったろう。もちろんこうした一般的状況からしてイエスの逮捕・審問・処刑の個々の出来事の経過を引き出すことはできないが、ユダヤ最高法院とローマ官憲とがなんらかの形で協力してイエスに死刑を宣告・執行したこと、またイエスの逮捕を知った群衆はいたく失望して熱狂と期待が怒号と罵声に変わったこと、は十分考えられるであろう。

こうしてイエスは独りぼっちで処刑された。「わが神、わが神、どうして私を棄てたのです」という十字架上の悲痛な叫びは、二千年をへだててなお私たちにまで戦慄を呼び起こさずにはおかない。それはほんとうにイエスだけでなく、あらゆる人生の総決算のように響くのだ。こうしてイエスは息絶えた。

イエスの「復活」と原始キリスト教の成立　イエスの墓が空虚であった、というのは伝説である。いったい、洋の東西を問わず、「聖者は異常な能力を持っていて奇蹟を行ない、不滅であって、死んでも復活して墓を抜け出し、聖なる場所へ赴く」という信仰があり、従ってたくさんの聖者復活の物語があるのである。ただし、キリスト教の圏内ではイエス以外の人の復活伝説は抑圧され忘却されてしまったのであろう。しかし、聖書の中にすらなお聖者復活の信仰の痕跡を認めることができる（マルコ六・一四、マタイ二七・五二、詩篇一六・一〇）。

仏教伝説には前述のように復活物語が多い。重要なことなので繰り返すと、達磨は毒殺されて熊耳山に葬られたが、三年後宋雲という人が葱嶺で達磨に会った。達磨は手に履き物の片方を持っていた。不思議に思ったひとびとが達磨の墓を開いてみると、中は空で、履き物が片方残っていたという（景徳伝燈録）。イエスの墓が空虚であったという福音書の記事は、記事としてみてもつじつまの合わない点が多く、批判的研究者の多くはこの話の史実性を否定するのである。

それに対して、御子（キリスト）は私の中に現われた（ガラテア人への手紙一・一六参照）というパウロの言葉は重要である。それは本人自身の証言であるからだ。そしてパウロは同じガラテア人への手紙二・二〇で、「もはや生きているのは私ではない。私の中にキリストが生きている」と言うのである。つまり、パウロに現われた「キリスト」は、ひとたび現われてまた消えたり、天の高所へ昇って行ってしまうようなキリストではなく、パウロが律法主義を棄てて律法で立てようとした自分自身に死んだとき（ガラテア人への手紙二・一九）、かえってパウロを生かすキリストだったのである（ローマ書六章参照）。

パウロの新しい生は、「キリスト」にになわれ、「キリスト」にあって生かされる生なのである。パウロのうちに「キリスト」が現われて以来、パウロは「キリスト」にあって生きたのである。

だから換言すれば、パウロに対してキリストが現われたという出来事は、パウロの新生の起点にある出来事であった。そしてパウロが「キリスト」にあって生きた生は、この場所で詳論することはできないが、事柄上まさにイエスの言う「神の支配」のもとに生きる人の生と等しいのである。

こうしてパウロの「キリストにある」生を検討し、それをイエス自身の生と比べるとき、私たちはどうしても次の結論に導かれる。すなわちパウロのうちに生きる「キリスト」は、イエスのいう「神の支配」と同じもの、人間の実存の根底的規定にほかならない。

この問題についても詳細な論究が必要である。ここでは簡単に私の考えを結論的に述べておきたい。イエスの直弟子はイエスの生前、イエスをほんとうに理解してはいなかった。そしてイエスの死という出来事は、弟子たちにとっては恐ろしいショックだったに違いない。しかし弟子たちは屈しなかった。弟子たちは罪なきイエスの死を、神に対してひとびとの罪をあがなう犠牲だと考えた。罪なきイエスの死によって、ひとびとの罪があがなわれ、赦されるのだと考えたのである。イエスは赦しを説いた。イエスの考えによれば、赦しの根拠は「神の支配」そのものの存在であって、赦しが成り立つためには別段あがないは必要ではない。しかし神の支配そのものがまだ見えなかった弟子たちには、伝統的な旧約的・ユダヤ教的思考の影響のもとにあって、何かあがないのようなものが、赦されるためには必要だと考えていたのである。このようにしてかれらはイエスの死に意味を与え、ここからしてイエスが生前説いていた罪の赦しを理解したのである。

このような理解は重大な結果を生んだ。つまり、弟子たちは今や、イエスの十字架のゆえに、ユダヤ教的律法主義から脱却することができたのである。イエスの十字架ゆえに、ひとびとの罪はすべて赦される。とすれば、もはや律法は救いへの道として必要ではなく、人は律法の行によって自分を立てる必要もない。こうして弟子たちはここではじめてほんとうに旧い律法主義的自己に死に、新生したのである。

このときかれらは、彼らを真実に生かす、人間の根源的な規定の存在と働きに目ざめた。こうしてかれらは、はじめてイエスの言行を理解することができた。換言すれば、彼らは今や、イエスと同じような生き方を生きることが可能になり、またイエスと同じように生きていることを自覚したのである。実際、イエスの生き方と彼らの生き方とを直接比べることができたのは、かれらがイエスの直弟子だったからである。

かれらは今やイエスのように生きている。さらにまた、かれらは自分たちをイエスのように生かす規定を自覚した。かれらはこの事実を、イエスは死んで復活し、かれらのうちに現われ、働いているのだと考えたのである。実際、当時の考え方からすれば、このような解釈は自然である。前述のように、すでにイエスの生前、バプテスマのヨハネが死んだあと、イエスがヨハネのような業をするということになると、ひとびとはバプテスマのヨハネが復活して、その力がイエスの中に働いているのだと考えた（マルコ六・一四）。復活ということは、当時広く許容された考えであって、多くの人がそういうことがあると考えていたのである。とすれば、イエスの死後、弟子たちがイエスのように生きるようになったことを自覚したとすれば、イエスが復活してその力が弟子たちの中に働いていると考えたとしても、別段不思議はないであろう。そしてまた、すでにイエスにおいて、神の支配＝人の子＝イエスという結合が存在していたとすれば、イエスが復活して、終末の時に「人の子」として来臨するという信仰が形成されていったこともうなずけるのである。これがイエス復活の信仰の成立ということなのである。そして復活者は今や「キリスト」（神に膏（あぶら）を注がれたメシア・救世主）と呼ばれた。

十字架の道(4)
（イエスが顔をふいたと伝えられる場所Ⅵ STATIOという字が読める。これは巡礼のための標示である）

　事柄自身をみれば、弟子たちのいう「復活のキリスト」は、イエスの告知した「神の支配」と同じものである。しかし弟子たちはイエスの生前神の支配に目ざめず、イエスの死後「復活のキリスト」を見た、つまり実存の根底を復活のキリストと解したのであるから、原始キリスト教団の宣教の中には、ひとびとの罪のために死に・甦ったキリストが中心的位置を占めて、「神の支配」という用語は後退していったのである。換言すれば、イエスは神の支配を告知したが、原始教団はキリストを告知したのである。

このように考えてはじめて、復活信仰の成立が理解される。さらにまた、なぜ復活者に接したのがまずイエスの弟子たちであり、また復活者を見た者がクリスチャンになったのか、また復活者のあらわれに接した人が旧い自分に死んで新生したのか、また聖霊を与えられたという自覚のもとに、見違えるように勇敢に伝道を開始したか、またなぜ最初のケーリュグマが、「キリストはわれわれの罪のために死んでよみがえった」（Ⅰコリント一五・三―四）という内容をもっていたか、またなぜイエスは神の支配を述べ伝えたのに、イエス後の原始教団はキリストを宣教したのか、しかも両者の人間把握は実際上一致しているのか、などが理解されるのである。

キリスト教の問題点

とすればここに問題が提起される。第一に、もし以上のようであったとすれば、原始キリスト教は、歴史上の一人物としてのイエスと、人間実存の根底（「キリスト」）とを、無差別に同一視してしまったのである。そしてこのようにイエスと「キリスト」が無差別に同一視される限り、「イエスが復活した」という使信は、ただ最初の使徒のみに許された証言であって、その他の人に対してはいかなる知解をも拒否し、ただ信仰を要求することとならざるをえないから、こうしてキリスト教において、信仰と学問的認識とは不幸な関係に陥ってしまった。

さらにまた、イエスとキリストが無差別に同一視される限り、イエスなしにキリスト、すなわち人を人たらしめる根底は存在しないことになる。そして「キリスト」教の告知への信仰なしには「キリスト」とのまじりはありえないということになるから、ここにキリスト教の「絶対性」が現われ、キリスト教以外の一切の哲学や宗教をあたまから非真理とする不寛容が現われ、これは他方ではあらゆる批判や正当な疑問に対し耳をおおい眼を閉ざす傾向を生んでくるのである。

第三に、キリスト教の根拠は、イエスというひとりの歴史的人格が存在し、十字架上で死に、復活したという歴史的事実に求められてくる。こうして、これはもうほとんど通念となっている見解であるが、キリスト教は時間空間を超えた普遍的真理ではなく、歴史的事実の上に立つ宗教だということになる。そしてこの点でキリスト教は仏教のような他宗教とは違うのだとされるのである。

しかしこのような見解は、新約聖書解釈の問題としても、はなはだ不十分だといわなくてはならない。なぜかというと、もしイエスの死と復活が中心であるなら、イエスの思想や言行はどうでもよいことになる。実際、イエスの贖罪(しょくざい)死と復活の上に立つパウロの宗教においては、イエスの言行はなんの役割をも占めていないし、以降パウロ的な信仰の場合にはいつもそういうことになった。つまり、この立場では、イエスの思想の独立の意味はまったく認められず、「史的イエス」は信仰にとっても意味を持たないこととなる。それならなぜ福音書があり、教会史を通じて絶えず「イエスへ帰れ」という運動が起こったのか。

そうではない。新約聖書を全体として理解しようとすれば、イエスと原始教団の思想が共に一致してさし示す点、「神の支配」と「キリスト」が合一する点をとらえなくてはならない。そのためにはキリスト教の根拠を、史的事実ではなく実存の根底的規定そのものに求め、史的人間としてのイエスと、実存の根底(「キリスト」)とを、区別(切り離すのではない)しなくてはならない。(この区別とその必要を明確に認識して主張しているのは九大教授の滝沢克己氏である)

このときにこそ、イエスの思想の意味が明らかになり、二千年をへだててなお私たちを導く星としての意義を持ってくる。それとともに、イエスの思想を含めて、新約聖書全体が、神話でも独断でもない、人生の根本的な現実を、あるがままに明らかにするものとなる。しかしあのときはイエスと「キリスト」の同一視が根本となり、これに当時の終末論やヘレニズム宗教思想が結びついて、当時としてはともかく、現在から見ればなんとしても神話的としか言いようのない教義の体系ができていったのである。

むすび

しかしそれをあたまから古代的と言って軽視せず、しかるべき批判的な操作を加えながら、新約聖書が全体として言おうとしているところを取り出すなら、新約聖書は人間の根源的な事実ありのままを、あるからあると主張しているのであって、本来事実ありのままを承認しようとする「理性」をとぎすますことはあっても、いささかもこれと矛盾するものではないのだ。それは今日見失われがちな人間の真のあり方を力強く主張し、同時に仏教のような他宗教をあたまから異教として拒否せず、かえって兄弟として真実に協力できるものとなり、こうしてその永遠の意味を、今日に対しても現わすであろう。

　イエスは人生の真実を告げ、そして殺されてしまった。このことは、此の世の罪と盲目の深さを、此の世の「神の支配」に対する否定を、示す。しかしイエスは敗北しなかった。イエスは「復活」し、弟子たちはイエスの宣教を引き継いだ。このことは、世の否定をくつがえす「神の支配」の勝利を示す。「十字架と復活」とはこうして、此の世の罪と虚無をあらわに照らし出し、しかも罪と虚無とが此の世の最後究極の現実ではないことを証示するのである。

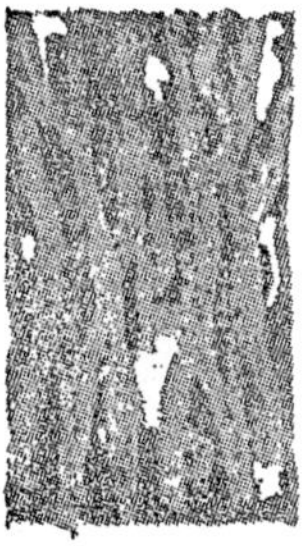

参考文献

イエスに関する文献はわが国で出版されたものだけでも、翻訳を加えると四百以上になる。ここではその中からおもなものだけをあげる。

イエス　M・ディベリウス　神田盾夫訳　新教出版社　昭25
イエス伝研究史　A・シュヴァイツァー
　遠藤彰・森田雄三郎訳　白水社　シュヴァイツァー著作集第17―19巻　昭35
イエス　G・ボルンカム　善野碩之助訳　新教出版社・昭36
イエス　その人と歴史　E・シュタウファー
　高柳伊三郎訳　日本基督教団出版部　昭37
イエス　R・ブルトマン
　川端純四郎・八木誠一共訳　未来社　昭42（2版）
イエスの生涯I―III　W・バークレー
　大島良雄訳　新教出版社　昭41

イエスの運動を社会的視野から考察したものとしては
イエス・キリスト　土井正興　三一書房　昭42
なおイエスの時代の歴史については
イエス時代の日常生活I―III　D・ロプス
　波木居斉二・波木居純一訳　山本書店・昭39
新約時代史　秀村欣二　キリスト教夜間講座出版部　昭41
死海写本　M・バロウズ
　新見宏・加納政弘訳　山本書店　昭36
新約聖書は普通用いられている日本聖書協会による口語訳のほかに
福音書　塚本虎二訳　岩波文庫
がすぐれている。
なお、本書で展開したイエスの見方の、もっと理論的な扱いについては左のものを参照されたい。
新約思想の成立　八木誠一　新教出版社　昭41（2版）
聖書のイエスと現代の思惟　滝沢克己　新教出版社　昭40
聖書のキリストと実存　八木誠一　新教出版社　昭42

さくいん

愛(アガペー、エロース)…四・一〇〇・一〇三〜一〇八・一二九・一三〇〜一六三
安息日…一三一
アンティオコス＝エピファネス…二三
イエスと政治…一五三
イエスの死…一九三
イエスの受難…六・一八八
イエスの誕生…八四
イエスの復活…六・六八・一九四
イスカリオテのユダ…一五三
ヴァイス(J)…一五八
エルサレム…六・一六・一九・二〇・四一
エレミアス(J)…一五九
掟(おきて)…一四八
オットー(R)…七五
解釈…七〇
かかわり…九二〜九六
割礼…二二・二三
神…九四
神の国…一二六〜一二九・一五六・一五七・一五九・一六七・一六九・一七一〜一七三・一七七
神の支配…一〇九・一五六〜一六〇・一六三・一六五〜一七七・一八〇・一八三
ガリラヤ…一七・八七
義…一二四・一六三
奇蹟と奇蹟物語…七三
「キリスト」…二六
禁欲主義…二八
悔い改め…八四・八九・一〇一・一四九
契約…二三
原始キリスト教…一九四
合理主義的説明…七三
コンツェルマン(H)…五八
サマリア…二六
サンヘドリン…四〇
死海文書とクムラン教団…二六
史学…六七
自己…一二三・一三〇
自由…一〇五・一一九・一二九
宗教と理性…九六
十字架…三二・一八六
終末論…二九・一五八
シュヴァイツァー(A)…五一・一五八
シュタウファー(E)…六〇
シュミット(K・L)…五四
神殿…一九・四二
審判…一七三
新約聖書…五・六八〜七一
聖者伝説…八〇
積善…一四五
総督…四一
田川建三…六五
滝沢克己…一九八・二〇〇
ダールマン(G)…一五七
塚本虎二…七
罪人…一〇一
ディベリウス(M)…五五
伝承…六三
ドッド(C・H)…一五九
富…一三五
トロクメ(E)…六五
ナザレ…八七
二史料説…五二
ヌミノーゼ…七五
ヌーメン(アンティ・ヌーメン)…七六〜八一
熱心党…三六
配慮…一二四〜一三一・一二九・一三〇
パウロ…六・一八七・一九五
ハシーディーム…二三
ハスモニア王朝…二四・三一・三三
バプテスマのヨハネ…一九七
パリサイ人…二九
バルコンバ…四七
パレスチナ…一六
人の子…一七八〜一八五
ピラトゥス…三七・四一・一八七
貧者…一三六
福音書…六・五〇〜五六・六五・六六・七二・一八八
ブーバー(M)…九四
ブルトマン(R)…五五〜五七
ベツレヘム…八五
ヘロデ＝アグリッパ…三七
ヘロデ大王…三二〜三六
編集史…五八
ホルツマン(H・J)…五二
ボルンカム(G)…六〇
マカベア戦争…二四
メシア(救世主)…二六
モーセ…一九
ユダヤ…一七
ユダヤ教…一九・二〇・二七
ユダヤ戦争…二七・三六・四五
ユダヤ民族…一八〜二二
赦し…一〇八
様式史…五三
ヨセフ…八七
律法…二〇・一二九・一三〇〜一三三・一三九
律法学者(ラビ)…八八・九一・九八
律法主義…一三六〜一三八
隣人…九二
ローマ…一八・四〇・四一・四三

共観福音書引用箇所

（各欄の上の数字、たとえば二・五—六は該当福音書の第二章五節から六節の意を示す）

〔マタイ〕

一　八六
二・一　三四
二・二　八四
二・五—六　八五
二・九　八五
四・五　八六
四・一七　一三三
五・三　一五六
五・一三　一三六
五・二一—二二　一三九～一四一
五・二三—二四　一〇八
五・二七—二八　一四二～一四四
五・二九—三〇　一四四
五・三三—三四　一四四～一四五
五・三七　九九
五・三八—四八　一〇四～一〇五
五・四四　一六三
五・四四—四五　二一・一三二
六・一—一八　一四六～一四七
六・一四　一五〇
六・二〇　一三三
六・二一　一三三
六・二二—二三　九九
七・一　一四五
七・一二　一七三
八・一一　一二九
八・二〇　一七九
九・一〇—一一　一〇二
一〇・二八　一三三
一一・一九　一二六・一七九・一八三
一二・一—八　一六四
一二・三二　一七九・一八三
一三・三三　一六八
一三・三七—四三　一二九・一七三
一三・四四—四六　一六六
一三・四七—五〇　一七三
一八・四　一五七
一八・八—九　一四四
一八・二一—三五　一〇九～一一〇
一九・一二　一二八
二〇・一—一五　一七三～一七四
二一・二八—三二　一五二・一七六
二二・三五—四〇　九〇
二三　一五二・一七三
二三・一三　一七二・一七三
二四・二七　一七九
二五　一七三
二五・一四—三〇　一七四
二七・五二　一九四
二七・六二—六六　七三

〔マルコ〕

一・一五　一五六
一・二二—二四　八〇～八三
一・二七　一〇〇
二・五　一五〇
二・一〇　一七九・一八〇・一八三
二・一三—一七　六七
二・一八—一九　一二六～一二九
二・二三—二八　五五・九四・一三〇～一三三
二・二八　一七九・一八〇・一八三
三・二一—二三　八三
四・二六—三二　一六八～一七一
四・三五—四一　一七三
六・三　八七
六・一四　九六・一九四・一九七
六・一七　五七
六・三〇—四四　七三
六・三九　一八六
六・四五—五一　一七三・一七四
七・九—一三　一〇六・一四八
七・一五　九七
八・三一　一七九
八・三六　一三三
八・三八—九・一　一七二・一七九
九・四三—四八　一四四
九・四七　一六八・一七二
一〇・二—一二　一〇六・一二六・一四四
一〇・一七—二二　一三三～一三四・一三三
一〇・二三—二七　一三五～一三六
一二・一三—一七　一五四～一五五
一二・一八—二七　一七七
一二・二八—三四　九〇以下・一三三・一六三
一三　一五九
一三・三二　一七二
一三・三五　一七二
一四・二五　一二九・一五七
一六・一—八　七三・八三

〔ルカ〕

一　八六
二・一以下　八四
三・一　一八六
六・一五　一五二
六・二〇　一二六
九・五九—六〇　一六七
九・六二　一六六
一〇・二五—三七　九〇～九六
一〇・二八　一三〇
一〇・三八—四二　一六七
一一・二〇　一六九
一二・一七—二〇　一三一～一三三
一二・二二—三一　一二九～一三〇
一三・二五—二九　一五七・一七三
一四・二六　一〇六
一五・一—七　一〇二・一五〇
一五・一一—三二　一〇二・一四九～一五〇
一六・一三　一三三
一七・七—一〇　一四七～一四八
一七・二〇—二一　一七〇・一七一
一七・二四　一七一
一七・二六—二九　一七一
一七・三〇　一七九
一七・三三　一二〇・一三〇・一六三
一八・一〇—一四　一五二・一六三

—完—

イエス■人と思想７　　　　定価はカバーに表示

1968年１月15日　第１刷発行Ⓒ
2016年６月25日　新装版第１刷発行Ⓒ
2021年２月10日　新装版第２刷発行

・著　者 ……………………………………八木　誠一
・発行者 ……………………………………野村久一郎
・印刷所 …………………………大日本印刷株式会社
・発行所 …………………………株式会社　清水書院

〒102-0072　東京都千代田区飯田橋3-11-6
Tel・03(5213)7151～7
振替口座・00130-3-5283
http://www.shimizushoin.co.jp

検印省略
落丁本・乱丁本はおとりかえします。

CenturyBooks

Printed in Japan
ISBN978-4-389-42007-9

CenturyBooks

清水書院の〝センチュリーブックス〟発刊のことば

近年の科学技術の発達は、まことに目覚ましいものがあります。月世界への旅行も、近い将来のこととして、夢ではなくなりました。しかし、一方、人間性は疎外され、文化も、商品化されようとしていることも、否定できません。

いま、人間性の回復をはかり、先人の遺した偉大な文化を継承して、高貴な精神の城を守り、明日への創造に資することは、今世紀に生きる私たちの、重大な責務であると信じます。

私たちがここに、「センチュリーブックス」を刊行いたしますのは、人間形成期にある学生・生徒の諸君、職場にある若い世代に精神の糧を提供し、この責任の一端を果たしたいためであります。

ここに読者諸氏の豊かな人間性を讃えつつご愛読を願います。

一九六七年

清水檀仙

SHIMIZU SHOIN